크리스천 에티켓

향기가 있는

크리스천 에티켓

박영숙 · 장칠선 · 최배영 지음

이담 Books

서문

　오늘날 한국 교회는 성숙한 크리스천의 모습을 통해 더 많은 사람들을 예수 그리스도께로 인도하려는 노력을 하고 있습니다. 한국 교회를 향한 다양한 격려의 메시지는 크리스천에게 진리를 실천하는 성숙함과 이웃을 섬기는 겸손함을 기대하고 있음을 알게 됩니다. 이를 위해 크리스천들은 신실한 믿음을 간직하고, 각자의 자리에서 하나님의 형상을 닮아가는 삶을 위한 아름다운 에티켓을 실천하는 노력이 필요합니다.

　크리스천 에티켓은 삼위일체 하나님을 믿는 크리스천들이 예배를 포함한 삶의 전 영역에서 예수 그리스도의 영성과 인격을 마음가짐과 몸가짐으로 나타내 실천하는 방법을 의미합니다. 하나님을 섬기는 크리스천들이 가족·친구·이웃 등의 공동체와 소통하며 살아가기 위해서는 말씀에 따른 삶의 규범인 에티켓을 지키는 가운데 자기관리와 대인관계를 원활하게 영위해 나가야 합니다. 이에 자기관리 에티켓은 하나님의 소중하고 존귀한 자녀로서 자기 자신을 존중하는 것이며, 대인관계 에티켓은 하나님의 말씀 안에서 이웃과 함께 사랑과 공경을 이행하고자 서로를 섬기고 배려하는 생활을 의미합니다.

이 책은 크리스천들이 예수 그리스도 안에서 에티켓을 실천함으로써 교회생활을 견고히 하고, 믿음의 가정을 세우며, 이웃으로 나아가 영혼을 구원하여 하나님 나라를 확장시키는 것을 목적으로 합니다. 크리스천 에티켓은 이웃과의 섬김의 교제를 통해 예수 그리스도를 전하는 전도의 방법이기도 합니다.

이 책의 PART Ⅰ에서는 크리스천 에티켓의 의미, 에티켓 전도의 범위와 목적을 언급하였습니다. PART Ⅱ에는 하나님과 나의 관계에서 준비되어야 할 예배 에티켓과 자기관리 에티켓의 내용을 담았고, 이웃과 나의 관계에서는 교회생활에서의 만남으로 인사ㆍ대화ㆍ안내ㆍ교제ㆍ심방ㆍ통신ㆍ식사 등의 상황별 에티켓을 제시하였습니다. 그리고 가족과 나의 관계에서는 가족관계 에티켓과 가정의례를 중심으로 필요한 에티켓을 이야기하였습니다.

저자들은 크리스천들 모두가 에티켓을 실천함으로써 내적으로는 한층 성숙되고, 외적으로는 상호 배려와 조화를 이루어 예수 그리스도의 향기를 발하는 한국 교회의 에티켓 문화를 만들어나갈 것을 제안하고자 이 책을 쓰게 되었습니다. 에티켓을 통한 성숙한 크리스천의 향기가 한국 교회의 새로운 전도문화로 확산되기를 바라며, 복음과 더불어 세계 곳곳으로 퍼져 나갈 수 있는 귀한 전도의 밀알이 되기를 희망합니다.

책 발간에 격려와 도움을 주신 모든 분들께 진심으로 감사의 마음을 전합니다.

2013년 6월에 저자 일동

contents

PART I
크리스천 에티켓과 에티켓 전도

너희는 온 천하에 다니며 만민에게 복음을 전파하라(막 16:15)

모든 것을 품위 있게 하고 질서 있게 하라(고전 14:40)

1. 크리스천 에티켓의 의미

이로써 그 보배롭고 지극히 큰 약속을 우리에게 주사 이 약속으로 말미암아 너희가 정욕 때문에 세상에서 썩어질 것을 피하여 신성한 성품에 참여하는 자가 되게 하려 하셨느니라 그러므로 너희가 더욱 힘써 너희 믿음에 덕을, 덕에 지식을, 지식에 절제를, 절제에 인내를, 인내에 경건을, 경건에 형제 우애를, 형제 우애에 사랑을 더하라(벧후 1:4~7)

우리나라는 예로부터 윤리와 도덕이 정립되었던 예절의 나라이다. 우리나라의 역사와 함께 예절은 생활화되어 아름다운 미풍양속으로 이어져왔다. 급변하는 시대에 다양한 가치가 있지만 가장 소중한 가치는 인간이다. 우리 사회에서 인간관계를 조화롭게 유지시켜 주는 예절은 시간, 장소, 경우에 따라 다양한 방식을 지니게 된다. 그러므로 시대의 흐름과 변천에 따라, 각 국가와 종교에 따라 예절을 표현하는 형식도 조금씩 차이가 있다.

동양 문화권에서는 생활규범을 예절이라고 말해왔지만 서양 문화권에서는 매너와 에티켓으로 표현해왔다. 로마에 가면 로마의 법을 따르라는 말처럼 각 나라의 독특한 관습과 문화에 따른 차이점이 존재하며, 한 나라 안에서도 지역과 가풍에 따른 문화적 차이는 계속 이어지고 있다. 그러나 현대는 글로벌시대로 다양한 인종과 문화가 공존하는 사회가 되었다. 또한 동·서양의 문화 교류가 활발하게 이루어지고 있어 세계가 동일한 생활문화권을 형성하는 변화가 커지고 있다. 그러므로 예절, 매너와 에티켓은 생활문화권에 따른 상대와의 차이를 먼저 이해하고 인격을 존중하는 배려의 견지에서 동일한 의미로 사용되고 있다.

교회생활은 다양한 사람들이 모여 하나님께 영광을 드리는 공동체를 형성하기 때문에 상대에 대한 이해와 배려가 인간관계 형성에 중요한 요인이 된다. 교회생활이라는 동일한 생활문화권을 중심으로 한 개인의 자기관리, 가족관계, 교인들과의 만남, 새로운 이웃과의 인간관계가 형성된다. 예수 그리스도는 "온 천하에 다니며 만민에게 복음을 전파하라(막 16:15)"고 명하셨다.

교회, 가정, 사회 곳곳의 삶의 자리에서 하나님의 말씀에 합당한 에티켓을 갖추고 전도의 열매를 거두는 일에 헌신함으로써 하나님과 이웃에게 신뢰와 인정을 받는 크리스천이 되어야 한다. 이에 크리스천 에티켓은 삼위일체 하나님을 믿는 크리스천들이 예수 그리스도의 영성과 인격을 예배를 포함한 삶의 전 영역에서 마음가짐과 몸가짐으로 나타내 실천하는 방법을 의미한다.

하나님께서 베푸신 사랑과 예수 그리스도의 십자가 사건과 성령님의 인도하심은 우리를 예절 바른 크리스천이 되도록 이끄신다. 하나님께서는 우리를 존중하시고 최고의 에티켓으로 대해주셨다. 하나님께서는 인간을 창조하시기 전에 필요한 모든 환경을 만드시고 인간을 하나님의 형상으로 만드신 후 먼저 복을 주셨다. 인간에게 약속의 말씀을 주셨으며, 죄지은 인간을 위해 예수 그리스도를 보내주셨고, 성령님을 보내주심으로 영원히 우리와 함께해 주신다.

에티켓을 배려와 존중이라고 할 때 최고의 에티켓으로 우리를 대해 주시는 분은 하나님이시다. 하나님의 형상을 따라 창조된 인간은 하나님의 형상을 회복해야 한다. 예수 그리스도의 제자로

서 예수 그리스도의 모습을 나타내고, 이웃을 향해 하나님의 사
랑을 전함으로써 이 땅에 하나님의 나라를 확장해 나가야 한다.

국방부장관과 해병대사령관을 역임하셨던 故 김성은 장로님
이 말씀하신 재미있는 일화가 있다. 한국전쟁이 끝난 후 전쟁
의 상처로 인해 어려운 시기였다. 미군 장교들과 회의를 한
후 식사를 마치고 후식으로 모두 커피를 시켰는데 혼자 차를
주문했다고 한다. 당시에는 생전 처음으로 보는 티백이 뜨거
운 물에 담겨 나왔다. 어떻게 먹는지 몰라 생각하다가 티백을
찢어 수저로 저어 마셨더니 차 가루가 입에 가득 묻어났다.
순간 입을 닦으며 당황해하고 있는데 앞에 있던 미군 장교가
종업원에게 동일한 차를 시키더니 티백을 넣어 흔들어 우린
찻잔을 싱긋 윙크를 하며 전해주었다고 한다. 그 일을 무척
재미있게 말씀하셔서 모두가 웃으며 들었지만 그 미군 장교의
수준 높은 배려의 마음을 따뜻하게 느낄 수 있었다.

2. 크리스천 에티켓 전도의 범위와 목적

너희는 택하신 족속이요 왕 같은 제사장들이요 거룩한 나라요
그의 소유가 된 백성이니 이는 너희를 어두운 데서 불러내어 그
의 기이한 빛에 들어가게 하신 이의 아름다운 덕을 선포하게 하
려 하심이라(벧전 2:9)

이르시되 우리가 다른 가까운 마을들로 가자 거기서도 전도하리
니 내가 이를 위하여 왔노라 하시고(막 1:38)

예수께서 대답하시되 첫째는 이것이니 이스라엘아 들으라 주 곧
우리 하나님은 유일한 주시라 네 마음을 다하고 목숨을 다하고

예수 그리스도께서 이 땅에 오신 목적은 전도하러 왔다고 말씀하셨다. 크리스천들도 하나님의 부르심에 따라 예수 그리스도의 아름다운 덕을 선포하는 증인이 되어야 한다. 전도는 인격과 인격의 만남에서 마음이 움직이고 감동을 받게 될 때 자연스럽게 이루어진다.

전도에는 여러 가지 방법이 적용될 수 있다. 때로는 전도대원들이 물통을 들고 나가서 커피나 차를 드리며 "예수 믿고 구원받으세요", "우리 교회 한번 나와 보세요", "우리 목사님 설교 한번 들어보세요" 말하기도 한다. 발을 먼저 내밀고 문을 닫지 못하도록 하면서 힘으로 주인을 밀고 들어가 적극적으로 예수 믿으라고 설득도 한다. 생수를 배달하면서 문 앞에서 십자가를 그리며 기도해 보기도 하고, 매주 주보와 설교 테이프를 돌리며 간식, 볼펜과 휴지도 넣어본다. 일부러 목말라 힘드니 물을 좀 마실 수 있겠느냐고 하면서 문을 열어주기를 부탁하기도 한다.

실제로 한국 교회는 전도를 목적으로 가족과 이웃을 위해 기도하고 많은 봉사를 하면서 노력을 기울여왔다. 이러한 헌신적인 노력의 결과 한국 교회는 놀라운 성장을 하였으나 최근에는 시대의 변화에 따라 전도가 쉽지 않은 상황이 되었다. 이에 이웃을 진정으로 섬기며 마음을 감동시키는 새로운 전도의 방법으로 에티켓 전도를 제안하고자 한다.

에티켓 전도는 크리스천이 하나님의 말씀에 합당한 인격과 품위 있는 에티켓을 갖추고 이웃에게 나아가 호감을 주는 대인관계를 통하여 전도의 열매를 맺는 방법이다. 이를 위해서는 내적으로 성숙한 성품을 갖추고 외적으로는 상호 배려와 조화를 소중히 하여 예수 그리스도의 향기를 발하는 크리스천이 되어야 한다. 크리스천의 정직한 마음과 신뢰를 줄 수 있는 행동이 이웃의 호감을 얻게 되고, 이 호감이 나아가 교회에 대한 관심을 갖도록 인도하는 것이다.

생활 속에서 에티켓 전도는 이웃을 존중하고, 겸손히 섬기며, 밝게 인사하고, 친절하게 돕고, 배려하는 관계를 유지하면서 예수 그리스도를 전하게 된다. 이를 통해 크리스천이 예수 그리스도 안에서 교회생활을 견고히 하고, 믿음의 가정을 세우며, 이웃과 나라, 그리고 세계의 범위로 나아가 많은 영혼을 구원하여 하나님 나라를 확장시키는 것을 목적으로 한다.

PART II
크리스쳔의 에티켓

1. 하나님과 나

1) 예배 에티켓

형제들아 내가 하나님의 모든 자비하심으로 너희를 권하노니 너희 몸을 하나님이 기뻐하시는 거룩한 산 제물로 드리라 이는 너희가 드릴 영적 예배니라 너희는 이 세대를 본받지 말고 오직 마음을 새롭게 함으로 변화를 받아 하나님의 선하시고 기뻐하시고 온전하신 뜻이 무엇인지 분별하도록 하라(롬 12:1~2)

예배는 성부, 성자, 성령이신 하나님께 드린다. 구원받은 크리스천의 새 생활을 위하여 사도바울은 마음을 새롭게 할 것과 자신의 몸을 하나님이 기뻐하시는 거룩한 산 제물로 드려야 할 것에 대해 말하였다. 생명의 근원이 되는 마음을 새롭게 하고 그 마음을 몸으로 표현함으로써 몸과 마음의 전 인격체를 통하여 하나님께 영광 돌리는 것이 예배의 본질이다.

예배는 하나님을 경배하는 행위 및 그 양식이다. 또한 예배는 우리에게 베푸신 하나님의 크신 은혜에 감사한 마음으로 응답하는 시간이다. 그러므로 예배에 임하는 크리스천은 자신의 마음가짐과 몸가짐을 예의 바르게 하여 하나님께 경배를 드린다. 예배를 위한 준비와 예배 시간을 하나님께 온전히 드려야 하며 예배 후 삶의 자리로 나아가 영적 예배의 삶을 살아야 한다.

> **TIP 예배 전 기도**
>
> 하나님 아버지.
> 거룩한 주일에 주님 앞에 나와
> 예배드릴 수 있도록 인도하신 은혜에 감사드립니다.
>
> 십자가의 보혈로 우리를 정결케 하시고
> 하나님께 온전히 드리는 시간 되게 하소서.
> 영과 진리로 예배드리게 하시고 성령님의 충만한 임재로 자

유와 감격의 시간 되게 하소서.

말씀이 선포될 때 주님의 영으로 충만케 하셔서

진리의 말씀을 깨달을 수 있는 지혜를 허락하소서.

선포되는 말씀으로 우리의 삶이 새롭게 변화되어

세상의 빛과 소금으로 살게 하소서.

이 시간 오직 하나님의 영광이 가득하게 하시고

사모하는 영혼을 만족케 하시어

하나님을 만나는 시간 되게 하소서.

우리 주 예수 그리스도의 이름으로 기도드립니다.

아멘.

TIP 예배 참석 시의 바른 몸가짐

예배 참석 시의 기본자세는 교회생활에서 에티켓의 기초가 되는 것이므로 자연스럽게 몸가짐으로 행해질 수 있도록 해야 한다. 조선시대 학자 이율곡의 『격몽요결』에 나오는 구용(九容)의 내용을 인용하여 예배 참석 시의 바른 몸가짐에 대해 살펴보기로 한다.

① 족용중(足容重)

발걸음은 신중하게 움직여야 한다.

좌석을 이동할 때 움직임을 경솔히 하거나 가볍게 하지 않는다.

② 수용공(手容恭)

손의 용모는 공손해야 한다.

예배 중 손을 사용하지 않을 때는 무릎 위에 단정히 맞잡아

공수(拱手)한다.

③ 목용단(目容端)

눈의 용모는 단정히 해야 한다.

부드럽고 따뜻한 눈길로 성경을 보고, 목회자를 향한다.

④ 구용지(口容止)

입의 용모는 신중하게 가져야 한다.

기도와 찬송할 때가 아니면 조용히 다물도록 한다.

⑤ 성용정(聲容靜)

소리의 용모는 조용해야 한다.

사도신경을 외울 때는 나직이 소리내도록 한다.

⑥ 두용직(頭容直)

머리의 용모는 똑바르게 가져야 한다.

예배 중 머리와 몸을 바르게 하여 앉는다.

⑦ 기용숙(氣容肅)

숨소리의 용모는 정숙히 한다.

숨을 차분하고 고르게 하도록 한다.

⑧ 입용덕(立容德)

서 있는 용모는 의젓해야 한다.

예배 중 자리에 일어설 때는 몸의 중심을 세워 덕이 있는 기

상을 가져야 한다.

⑨ 색용장(色容莊)

얼굴의 용모는 가지런히 해야 한다.

예배에 참석하는 얼굴빛은 온화해야 한다.

(1) 목회자

형제들아 너희는 함께 나를 본받으라 그리고 너희가 우리를 본
받은 것처럼 그와 같이 행하는 자들을 눈여겨보라(빌 3:17)

목회자는 하나님께서 기쁘게 받으시는 예배가 되도록 모든 사람을
인도한다. 예배는 구원의 감격과 신앙의 표현이 담기도록 정성을 모
아 드린다.

예배의 시작을 선언하여 모든 사람들의 마음을 예배로 집중해
영과 진리로 예배를 드리도록 한다. 예배는 성전에서 공동체로
모여 드리므로 주보의 순서대로 진행한다.

목회자는 설교 전 성령님의 손에 말씀의 사역을 의지하는 내용
의 기도를 잠시 드린다. 하나님의 말씀을 선포할 때 자신의 인간
적인 요소가 내포되지 않도록 주의한다. 설교 후 기도는 선포된
하나님의 말씀이 결실을 맺게 해달라는 내용으로 간결하게 한다.

설교 후에는 하나님의 말씀 앞에 응답과 감사를 표하는 마음
으로 찬송을 부르도록 한다. 봉헌은 하나님 주신 은총에 감사하
는 마음으로 정성껏 드리도록 한다. 축도는 하나님께서 복을 내

려주심을 선언하는 예배의 절정을 이루는 부분이 되도록 한다.

목회자는 교회공동체 안에서 하나님의 말씀으로 교훈하고, 교회를 치리하고, 교인을 양육하며, 축복하고 섬기는 사역을 한다. 외부적으로는 하나님 나라의 확장을 위하여 이웃과 사회에 대한 전도인의 사명을 갖고 있다.

목회자의 에티켓은 직무를 잘 감당하기 위하여 목회자가 갖추어야 할 영성과 인격을 의미한다. 목회자의 인격은 예의 바른 마음과 태도로 나타나는데 이는 가족에 대하여, 교인들에 대하여 그리고 이웃에 대하여 많은 영향력을 미치게 된다. 교인들은 목회자의 정직하고 신실한 삶을 보면서 예수 그리스도를 본받기를 원한다. 목회자는 예수 그리스도를 생각나게 하는 사람이 되어야 한다.

(2) 찬양대원

예배의 순서를 맡은 자로서 찬양대원은 예배에 대한 책임의 중요성을 인식하여 그에 대한 준비와 역할을 바르게 수행한다.

봉사의 직무를 소중히 여기고 하나님 앞에서 거룩한 마음과 단정한 몸가짐으로 임해야 한다. 주일 찬양 연습 시간에 늦지 않도록 미리 도착하여 기도로 차분하게 준비한다. 앞좌석에 앉게 되기 때문에 개인 소지품들을 정돈하여 단정하게 보이도록 한다.

찬양대원은 모든 사람이 하나님 말씀을 경청할 수 있도록 마음의 그릇을 준비시키는 사명이 있음을 알고 영으로, 마음으로 찬양을 준비한다. 찬양대의 찬양은 오직 하나님께 영광을 드리며 교인들의 마음을 하나님께로 이끌도록 한다.

(3) 교인

하나님은 영이시니 예배하는 자가 영과 진리로 예배할지니라(요 4:24)

크리스천은 날마다 하나님께 드리는 예배자의 삶을 살아야 하나 주일에 드리는 예배를 삶의 가장 우선순위로 정한다.

주일예배를 위해 토요일에는 너무 늦은 시간까지 TV 시청 혹은 밤늦게 사석인 모임을 갖는 것은 자제한다. 예배 참석을 위한 복장은 깨끗하고 단정한 것으로 선택한다. 소매가 없는 상의, 너무 짧은 치마나 반바지, 슬리퍼 등은 삼간다. 예장인 경우를 제외하고 모자는 벗고 예배를 드려야 한다. 거룩한 삶과 예물로 하나님께서 기쁘게 받으시는 예배를 준비한다. 모든 물질을 주신 하나님께 감사의 마음으로 정성껏 예물을 준비한다.

예배 시간 15분 전에 도착하여 마음을 차분히 정리하고, 하나님과 만나기를 바라는 예배 전 기도를 드린다. 하나님의 은총에 감사하며, 사랑을 고백하는 마음으로 기도한다. 예배 시작 전 다른 교인과의 인사는 목례로 조용히 나누고 기도로 준비한다. 예배당 안에서는 휴대폰을 반드시 꺼서 예배에 방해가 되지 않도록 주의한다.

좌석은 앞에서부터 순서대로 앉는다. 안내위원의 안내를 따르고 협조한다. 긴 의자에 앉을 때는 안쪽부터 앉아 질서 있게 예배를 준비한다. 좌석에 성경, 찬송가, 가방 등의 소지품을 놓을 때 다른 사람에게 불편을 주지 않도록 한다. 특히 앞사람의 등에 성경이 닿아 불편을 주는 일이 없도록 주의한다.

거룩한 예배에 불러주신 하나님을 경배하며 찬송으로 응답한다. 성시를 교독하면서 하나님을 찬양하고 자신의 신앙을 고백하고 결단을 다짐한다. 성경 말씀을 경청하여 묵상하고, 가정과 직장에서 그리스도의 향기를 발하는 삶을 살도록 다짐한다.

주보는 교회생활의 도움을 안내하기 위한 것이므로 예배 후 잘 간직해서 가지고 나온다. 자신이 앉았던 좌석의 주변도 깨끗이 정리한다. 축도 후 송영이 끝날 때까지 자리에서 기도를 하고 천천히 질서 있게 나간다.

2) 자기관리 에티켓

(1) 첫인상

> *항상 기뻐하라 쉬지 말고 기도하라 범사에 감사하라 이것이 그리스도 예수 안에서 너희를 향하신 하나님의 뜻이니라(살전 5:16~18)*

> *마음의 즐거움은 양약이라도 심령의 근심은 뼈를 마르게 하느니라(잠언 17:22)*

사람은 다른 사람을 바라보고 인사를 나누면서 상대를 어떤 사람 같다고 느끼는 첫인상을 갖게 된다. 사람의 표정과 자세는 외적인 에티켓의 기초이며, 좋은 첫인상을 주기 위한 필수요소이다.

처음 만난 사람에 대한 첫인상을 결정하는 데 걸리는 시간은 약 5초라고 한다. 매리 미첼은 "첫 이미지를 만들 수 있는 두 번의 기회는 없다"라고 말하며 첫인상의 중요성을 강조하였다.

첫인상이 강하게 남는 이유는 먼저 들어온 정보가 나중에 들어올 정보를 압도해 뒤이은 정보에 더 이상 관심을 갖지 않게 되는 주의감소 현상이 일어나기 때문이다. 사람은 직감 능력이 형성되어 있어서 짧은 시간에 표정과 자세 등의 외형을 보고 '저 사람은 어떤 사람 같다'라는 판단과 느낌을 갖게 된다. 부정적인 첫인상을 회복하기 위해서는 짧게는 8시간 길게는 40시간 이상이 걸린다고 한다.

미국의 사회 심리학자 알버트 매러비안은 다른 사람의 첫인상을 판단하는 요소를 분석하였다. 그 결과 표정, 자세, 복장, 행동 등의 시각적인 요소로 첫인상을 판단하는 경우는 55%, 음성과 어투를 듣고 청각적 요소로 첫인상을 판단하는 경우는 38%, 말의 내용인 언어적 요소로 첫인상을 판단하는 경우는 7%에 불과하다고 하였다. 이로 보면 사람의 첫인상을 형성하는 시각적 요소인 표정, 자세와 복장의 중요성을 이해하고 상대에게 호감을 주는 단정한 용모를 관리하기 위해 끊임없이 노력해야 한다. 좋은 첫인상을 느낄 수 있도록 크리스천이 노력하는 것은 친화력을 가질 수 있는 중요한 사항이다.

우는 아기를 보면 걱정이 되지만 방긋방긋 웃는 아기를 보면 순간적으로 아기와 같이 웃게 된다. 아침에 눈을 뜨면 거울에 비친 자신의 모습을 확인하고, 이번에는 웃는 얼굴을 만들어 두 모습을 비교해본다. 새로운 날을 맞게 됨을 감사하며 활짝 웃는 얼굴로 하루를 시작하면 좋은 첫인상을 심게 될 것이다.

(2) 표정

*주께서 생명의 길을 내게 보이시리니 주의 앞에는 충만한 기쁨
이 있고 주의 오른쪽에는 영원한 즐거움이 있나이다(시 16:11)*

표정은 첫인상에서 중요한 부분을 차지한다. 다른 사람을 향해
보이는 표정은 상대에 대한 나의 마음을 나타내 나에 대한 첫인
상을 좌우하는 중요한 요소가 된다.

미소 띤 표정이 좋은 인상을 준다. 미소는 하루아침에 얻어지
는 것이 아니라 평소 밝은 마음을 갖고자 하는 꾸준한 자기관리
를 통해 우러나오는 것이다. 하나님께서는 우리를 특별한 존재로
창조하셨으며, 어느 누구도 똑같은 모습이 없는 소중한 존재로
만드셨다.

어떤 친구를 사귀고 싶은지 대학생들에게 물었다. 공부 잘하고
똑똑한 친구보다는 밝고 인상이 좋은 친구를 사귀고 싶다고 대
답하였다. 이웃에게 어떤 교회에 가고 싶은가를 물으면 대부분이
편안하고 따뜻하고 밝고 사랑이 많은 교회에 가고 싶다고 말한

다. 왜 교회에 안 가는지를 물으면 대부분 어색하고 나와 달라서 불편하다고 한다. 처음 교회에 와서 어색한 분위기일 때 어떤 사람과 사귀고 싶었는지를 떠올려보면 다정하게 말 한마디 건네주었던 밝은 얼굴의 교인들일 것이다. 좋은 사람 같은지 또는 사귀고 싶은 사람 같은지는 순간적으로 결정된다.

우리의 믿음을 밝은 얼굴과 미소로 표현해보면 어떨까? "미소는 나의 명함이다"라고 고백한 글을 읽은 적이 있다. 밝은 미소와 환한 얼굴, 단정한 옷차림, 친절한 행동 등이 좋은 이미지를 갖게 하여 전도의 중요한 요소가 된다.

나 자신에 대한 긍정적인 마음이 밝은 표정을 만들 수 있다. 사람은 얼굴 근육이 발달되어 있기 때문에 다양한 표정을 지을 수 있다. 그러므로 표정은 커뮤니케이션의 수단이 된다. 외모는 바꿀 수 없지만 나에게 맞는 호감을 주는 표정은 스스로 만들 수 있다. 화난 모습을 계속하고 있으면 얼굴이 경직되는 것을 느끼게 된다. 하나님이 주신 샘솟는 기쁨을 표정에 계속 담으면 얼굴이 웃는 모습으로 변하게 된다. 눈으로 입으로 마음으로 표정으로 크리스천의 행복이 아름다운 모습으로 표현되도록 꾸준한 연습이 필요하다.

해외에서는 외국인을 만나면 웃는 얼굴로 "Hi"라고 말하며 인
사한다. 최근에 우리나라에도 외국인들이 많아졌는데 우리나라
정서로는 웃을 수도 없고, 못 본 체할 수도 없어 표정관리가 어렵
다. 아파트 엘리베이터에서 이웃을 만나도 먼저 인사하는 것이 어
색하다. 먼저 인사를 하면 상대가 쑥스러워 고개를 돌리거나 어색
한 표정으로 쳐다보는 사람도 있다. 그러나 크리스천은 따뜻한 마
음을 밝은 표정에 담아 이웃을 밝히는 세상의 빛이 되어야 한다.

교인들의 마음과 표정이 밝고 즐거우면 밝은 교회가 될 것이
다. 행복한 교회가 되려면 교인늘이 행복해야 한다. 미소 짓는 얼
굴은 상대의 마음을 편하게 하며, 신뢰감을 갖게 하여 바람직한
인간관계를 형성하게 된다.

(3) 복장

야곱이 이에 자기 집안사람과 자기와 함께한 모든 자에게 이르
되 너희 중에 있는 이방 신상들을 버리고 자신을 정결하게 하고
너희들의 의복을 바꾸어 입으라(창 35:2)

야곱은 벧엘로 돌아가 제단을 쌓으러 가기 전 가족들에게 모
든 우상을 버리게 하고 의복을 바꾸어 입게 한다. 야곱이 가는

길에 모든 대적이 사라지고 하나님이 함께하신다. 이후 하나님께서 나타나셔서 야곱에게 복을 주시고 야곱의 이름을 이스라엘로 부르시며 "나는 전능한 하나님이라 생육하며 번성하라 한 백성과 백성들의 총회가 네게서 나오고 왕들이 네 허리에서 나오리라 내가 아브라함과 이삭에게 준 땅을 네게 주고 내가 네 후손에게도 그 땅을 주리라(창 35:11~12)" 말씀하셨다.

예배를 드리기 위해 모든 교인은 의복을 깨끗하게 입어야 한다. 주일에 안내위원을 하는 봉사자들은 더욱 정결하고 단정한 복장을 갖추어 입도록 한다.

교회생활에서는 복장과 용모가 자신에 대한 좋은 첫인상을 심어주는 동시에 교회의 이미지를 나타내므로 단정하게 준비하는 것이 필요하다. 구두는 깨끗하게 손질해서 신고, 너무 유행을 따르는 것은 피한다.

(4) 자세

교회 내에서 걸을 때 실내에서는 발자국 소리, 신발 끄는 소리가 크게 나지 않도록 한다. 웃어른과 함께 걸을 때는 보조를 맞추어 걷고, 만일 바쁘다면 상황에 맞게 조절한다. 부득이하게 다른 사람의 앞을 지나야 하는 경우에는 "실례합니다"라고 양해를 구한다. 만일 다른 사람의 몸을 스쳤을 경우 반드시 "죄송합니다"라고 말한다.

노약자와 함께 계단을 올라갈 때는 뒤에서 부축하여 돕고, 내려올 때는 앞에서 안전하게 부축하도록 한다. 어린아이들이 계단이나 엘리베이터에서 장난하는 것은 매우 위험하므로 어른들의 각별한 주의가 요구된다. 어릴 때부터 서로의 안전을 배려하는 에티켓을 배울 수 있도록 한다.

예배실의 문을 열고 닫을 때는 반드시 손을 사용한다. 바쁘더라도 발이나 등으로 문을 열거나 밀지 않도록 한다. 양손에 물건을 들었을 때는 잠시 내려놓고 문을 열고 닫는다.

웃어른이나 노약자가 먼저 문에 들어가시도록 양보한 후 출입한다. 문을 열고 있는 다른 사람의 앞을 갑자기 가로질러 가지 않는다. 여닫이문에 계속 사람들이 출입할 때는 다음 사람이 지나올 수 있도록 문을 안전하게 잡아주도록 한다.

2. 이웃과 나

1) 인사 에티켓

여호와께서 마므레의 상수리나무들이 있는 곳에서 아브라함에게 나타나시니라 날이 뜨거울 때에 그가 장막 문에 앉아 있다가 눈을 들어 본즉 사람 셋이 맞은편에 서 있는지라 그가 그들을 보자 곧 장막 문에서 달려 나가 영접하며 몸을 땅에 굽혀(창 18:1~2)

아브라함이 나그네를 환영하고 대접하는 모습을 보면 그가 바른 에티켓을 실천하는 사람임을 알게 된다. 아브라함의 인사 에티켓은 하나님을 향한 사랑에서 시작되었다. 아브라함은 하나님을 진심으로 사랑하는 마음으로 나그네를 환영하며 인사하였다. 크리스천의 에티켓은 하나님을 사랑하고 자신을 존중하며, 이웃을 내 몸과 같이 사랑하는 것이다. 아브라함과 같이 손님을 환영하는 인사 에티켓은 교회에 오는 사람들을 어떻게 환영하고 접대해야 하는지를 생각하게 한다.

인사는 교제의 시작이다. 아브라함은 먼저 나그네에게 인사를 하였고, 이러한 아브라함의 자세는 신속하고도 즐거운 마음이 보인다. '곧 일어나 장막 문에서 달려 나가 영접하며 몸을 땅에 굽혀'라는 표현은 아브라함의 마음과 절하는 모습을 보여주며 손님을 극진히 대접하는 정중한 인사 에티켓을 떠올리게 한다.

인사를 잘하면 축복의 삶으로 변화된다. 평소 희생과 봉사의 생활을 해왔던 아브라함은 부지중에 천사들을 대접하였는데(히 13:2) 그중 한 분은 하나님이셨다.

(1) 인사의 의미

인사는 상대를 인정하고 존경과 친애를 나타내는 에티켓이다. 인사는 외형적으로 생활문화에 따라 다르게 행해진다. 그러나 그 내면에 공경, 친애와 우정의 뜻을 지니고 있어 개인의 자기관리

뿐만 아니라 우호감과 연대감을 강화하여 원만한 대인관계를 영위하게 하는 중요한 사회적 의의를 갖는다. 오늘날과 같은 입식 생활에서의 인사 에티켓으로는 경례가 있으며, 상황에 따라 목례나 악수를 하기도 한다.

(2) 인사의 공수

인사를 할 때 공수(拱手)는 두 손을 마주 잡아 공경의 뜻을 나타낸다. 평상시 남자는 왼손이 위로 올라오고, 여자는 오른손이 위로 올라오도록 하여 몸의 중심인 허리 높이에서 마주 잡는다. 그러나 흉사(凶事) 시는 반대가 된다. 흉사는 장례식장에서 상을 당한 사람과 조문을 간 사람이 서로 인사를 나누는 경우이다. 이때 남자는 오른손이 위로 올라오고, 여자는 왼손이 위로 올라오도록 하여 자신의 손을 마주 잡는다.

(3) 인사의 종류

○ 큰 경례

큰 경례는 가장 정중한 인사로 의식행사를 비롯해 성년식, 혼인식, 장례식 등의 경조사 예식 등에서 행하는 경례이다. 바로 선 자세에서 웃어른이나 상대를 향해 머리와 상체를 약 45도 정도 숙여 천천히 인사한다.

○ 평 경례

평 경례는 일상생활에서 가장 자주 행하는 인사이다. 바로 선
자세에서 웃어른이나 상대를 향해 머리와 상체를 약 30도 정도
숙여 인사한다.

○ 반(半) 경례

반 경례는 웃어른이 아랫사람의 평 경례에 대해 답례할 때 행
하는 인사이다. 머리와 상체를 약 15도 정도 굽혀 인사한다.

○ 목례

목례는 실내에서 다른 사람들을 방해하지 않고 상대와 인사를
나눌 때, 같은 사람을 여러 번 자주 만나게 될 때, 상대가 전화를
받거나 대화 중이지만 서로 눈이 마주칠 때 고개를 약 5도 정도
숙여 나누는 인사이다. 목례를 행하는 속도는 마음속으로 하나를
세면서 숙이고 둘에 고개를 든다. 목례는 선 자세, 걷는 자세, 앉
은 자세 등 어떠한 자세에서든 적용이 가능하다. 목례 시에는 인
사말은 생략할 수도 있다.

○ 악수

악수는 친애, 감사, 화해의 뜻을 표하기 위해 행하는 인사이다.

마주 일어서서 허리를 곧게 펴고, 오른팔의 팔꿈치를 직각으로 굽혀 손을 수평으로 올린 후 상대의 눈을 자연스럽게 바라보며 상대와 손을 잡고 악수를 한다. 단, 우리나라에서는 웃어른과 악수를 하는 경우 아랫사람은 고개를 약간 숙여 경의를 표하기도 한다. 악수는 웃어른이 아랫사람에게, 연장자가 연하자에게, 선배가 후배에게, 여성이 남성에게 먼저 청한다. 의식행사 외에는 장갑을 벗고 악수한다.

TIP 교회생활에서 경례의 실천

① 상대를 만나면 명랑하고 활기 있게 내가 먼저 인사를 하겠다고 마음을 갖는다.

② 바르게 서서 상대의 얼굴을 보면서 미소로 반가움을 표현한다.

③ 손은 앞으로 모아 공수하거나 달걀을 가볍게 쥔 모양으로 하의의 옆에 자연스럽게 붙인다.

④ 머리와 상체를 약 30도 정도 굽혀 인사한다. 이때 시선은 아래를 향한다.

⑤ 잠깐 멈춘 후 다시 상체를 일으켜 상대와 시선을 맞추고 미소를 지으며 인사말을 건넨다.

(4) 소개

처음 인사를 나누는 자리에서는 아랫사람이 웃어른을 향해 먼
저 자신을 소개한다. 이때 자신을 상대에게 직접 소개할 때는 소

속과 성명의 순으로 한다. 즉 "처음 뵙겠습니다. 저는 ○○(소속)의 ○○○(성명)입니다"라고 한다. 중간에서 다른 사람이 나를 대신해서 먼저 소개해준 경우에는 "안녕하십니까. ○○○(성명)입니다"라고 한다.

자신이 가운데서 다른 두 사람을 서로에게 소개시켜야 할 때는 아랫사람을 웃어른에게 먼저 소개하도록 한다. 예를 들어, 교인을 목회자나 장로님께 먼저 소개한다.

동년배의 경우에는 자신과 친한 사람을 친하지 않은 사람에게, 남성을 여성에게, 미혼자를 기혼자에게, 한 사람을 여러 사람에게 먼저 소개하도록 한다.

2) 대화 에티켓

이르되 내 주여 내가 주께 은혜를 입었사오며 원하건대 종을 떠나 지나가지 마시옵고 물을 조금 가져오게 하사 당신들의 발을 씻으시고 나무 아래에서 쉬소서 내가 떡을 조금 가져오리니 당신들의 마음을 상쾌하게 하신 후에 지나가소서 당신들이 종에게 오셨음이니이다 그들이 이르되 네 말대로 그리하라(창 18:3~5)

아브라함은 나그네에게 정중한 언어로 대화했다. 아브라함이 "내 주여"라고 부른 것은 웃어른이나 손님을 칭했던 호칭일 수도 있고, 아니면 하나님께 대한 호칭일 수도 있다. 그러나 확실한 것은 13절부터 22절 이후 계속 '여호와께서'라고 언급하는 것으로 그중 한 분이 하나님이시라는 것을 알 수 있다.

이후 33절에는 하나님께서 말씀을 마치고 가시는 모습을 보면서 배웅한 후 아브라함도 집으로 돌아오는 모습을 볼 수 있다. 이때 '여호와'와 '아브라함'이 서로 교대로 의견을 듣고 반응하여 서로의 의견을 존중하는 대화가 이루어진다.

대화는 사람의 마음을 나타내는 것이며 인격의 꽃으로 드러난다. 크리스천은 올바른 호칭과 존대어의 사용, 대화에 있어 자신의 의견을 분명하고 설득력 있게 제시할 수 있는 말하기와 듣기 능력이 중요하다. 존중하는 말, 칭찬하는 말, 격려하는 말, 친절한 말을 나눌 때 하나님의 나라가 아름답게 세워질 것이다.

(1) 호칭과 존대어

호칭을 제대로 사용하는 것은 대화의 기본 요소이다. 자신과 상대의 직분, 연령, 관계 등에 알맞은 호칭을 구사할 수 있어야 한다.

직분이 있는 분은 직분 다음에 '님'을 붙여서 부른다(예: 목사님, 전도사님, 장로님, 권사님, 집사님, 선생님 등).

같은 직분에 여러 사람이 있을 때는 성이나 성명 다음에 직분과 '님'을 붙인다(예: 김 집사님, 김명일 집사님).

직분이 없거나 연하자는 성명 다음에 '형제님' 혹은 '자매님'을 붙인다(예: 박은미 자매님).

대화를 할 때 상대의 성명과 호칭을 정확하게 기억하고 부르는 것은 관심과 성의로 여겨지게 된다. 또한 교인들 간에도 대상과 상황에 따라 다음과 같이 존대어 사용에 유의해야 한다.

존대어	대상/상황	특징
아주 높임말	웃어른 혹은 비슷한 연배 간에 공적인 주제로 정중히 대화를 나눌 때	상대를 가장 높여서 하는 말씨로 '-습니다', '-십니까', '-십시오'로 어미가 끝난다. 예) "의견을 말씀해주십시오." 예) "그동안 안녕하셨습니까?"
높임말	웃어른 혹은 비슷한 연배 간에 친근하고 편안한 주제로 대화를 나눌 때	상대를 높여서 하는 말씨로 '시', '세', '셔'를 중간에 끼워서 존대어가 된다. 예) "의견을 말씀해주세요." 예) "그동안 안녕하셨어요?"
반(半) 높임말	또래 간에 혹은 아랫사람과 일상적인 주제로 대화를 나눌 때	보통 말씨를 써도 되는 대상이지만 상대를 낮추지 않도록 하는 말씨로 '-요', '-죠'로 끝낸다. 예) "의견을 말하도록 해요." 예) "그동안 잘 지냈어요?"

(2) 말하기

대화를 나눌 때는 전달하고자 하는 내용을 명확히 정리하여 분명하고 간결하게 표현한다. 이때 육하원칙을 염두에 두고 대화하면 도움이 된다. 중요한 사항은 결론부터 말한 후 부연 설명을 해서 이해를 도모하는 방식으로 말한다.

어떤 일이든지 사실과 그에 대한 자신의 의견은 구분해서 말해야 한다. 차분하면서도 정확한 발음, 말씨, 음성, 속도로 알아듣기 좋게 말한다. 또한 올바른 표준어를 사용해야 한다. 상황에 맞지 않는 외래어, 속어나 은어는 대화의 격을 낮추게 된다. 늘 정중하고 완전한 문장으로 말하는 습관을 갖도록 한다. 이때 정확하고 또렷한 목소리이어야 상대의 이해를 도울 수 있다.

말할 때의 시선, 표정과 자세는 상대에 대한 마음을 나타내게 된다. 상대에게 좋은 느낌이 전해질 수 있는 어휘를 선택하여 말을 한다. 상황에 맞지 않는 지나친 농담은 오해를 불러일으키기 쉬우므로 주의한다.

다른 사람의 가정이 겪고 있는 어려운 일, 친구의 비밀이나 이웃의 허물을 말하지 않는다. 상대의 나이, 학력, 신체 사항, 경제 상황 등에 관한 질문은 주의하여야 한다.

(3) 듣기

내 사랑하는 형제들아 너희가 알지니 사람마다 듣기는 속히 하고 말하기는 더디 하며 성내기도 더디 하라(약 1:19)

대화 에티켓이라고 하면 대개 말하기만 떠올리는데 듣기 또한 매우 중요한 에티켓임을 잊지 않도록 한다. 대화를 이끄는 사람은 말하는 사람이고, 듣는 사람은 수동적인 것으로 보이지만 실제로 듣는 사람이 대화를 이끌게 된다. 왜냐하면 듣는 사람의 반응을 보면서 말하는 사람은 대화의 주제를 이끌기 때문이다.

상대의 이야기를 들을 때는 자신이 하던 일을 잠시 멈추고 상대를 바라보면서 듣는 경청의 자세를 취해야 한다. 상대의 말에 대한 좋은 경청의 자세는 상대도 자신의 말을 잘 경청하도록 분위기를 이끌어주어 대화를 원활하게 만들어준다.

상대가 말을 하고 있는 중간에 다른 생각을 하지 않도록 집중해야 한다. 특히 상대가 다소 산만하게 이야기를 하더라도 끝까지 귀를 기울이도록 한다. 상대의 이야기에 대해 적절한 반응으로 공감을 나타내 상대가 이야기를 계속할 수 있도록 한다.

나의 의견과 상대의 의견이 다른 경우 무조건 나만 옳다고 주장하지 말고 끝까지 들은 후 정중하게 내 의견을 제시한다. 즉, 상대가 말한 내용에 대해 질문을 하거나 다른 의견을 말할 때는 상대의 말이 끝나기를 기다렸다가 정중하게 양해를 구하고 말한다. 상대의 이야기를 들은 후 중요한 내용을 다시 정리, 확인하여 정확한 의사 교환을 하는 것이 필요하다.

네 사람이 모여 대화를 하는 경우 전체 시간의 4분의 1을 말한다고 생각하고 대화에 참여한다. 자유롭고 충분한 토론의 시간을 가진 후 종합하여 의견을 결정한다. 이후 결정된 사항에 대해서는 내 의견과 다르다고 할지라도 결정된 사항에 협조한다.

3) 안내 에티켓

오직 너희는 여호와의 제사장이라 일컬음을 받을 것이라 사람들이 너희를 우리 하나님의 봉사자라 할 것이며 너희가 이방 나라들의 재물을 먹으며 그들의 영광을 얻어 자랑할 것이니라(사 61:6)

각각 은사를 받은 대로 하나님의 여러 가지 은혜를 맡은 선한 청지기같이 서로 봉사하라(벧전 4:10)

(1) 차량 안내

예배를 드리러 온 교인들과 새 가족들이 교회에서 처음으로 만나는 사람은 주차장에서 봉사하는 차량 안내위원이므로 예의 바르게 안내를 해야 한다. 진실한 마음으로 섬기는 모습을 보이도록 한다. 차량 안내위원들을 표시하는 동일한 복장이나 명찰을 착용하면 더욱 신뢰감을 줄 수 있다.

밝게 웃는 얼굴로 환영하며 친근감을 주는 존대어를 사용한다. 새 가족이나 몸이 불편한 사람을 위해서는 세심한 배려의 차원에서 주차할 장소를 편리한 곳으로 안내한다.

차량을 안전하게 관리해서 교인들이 안심하고 예배를 드릴 수 있도록 한다. 차량 안내위원들은 보행자들의 안전에도 주의를 기울여야 한다.

(2) 예배 안내

양복이나 양장을 하고 안내를 하는 경우 항상 청결과 단정함을 유지해야 한다. 안내표시를 위한 명찰은 상의의 왼쪽 가슴 위에 부착한다. 안내위원 복장은 디자인이 너무 화려하거나 액세서리가 많은 것은 삼간다.

안내위원은 예배를 드리러 온 교인들에게 행복한 날이 되도록 밝은 모습으로 안내한다. 한 주간의 삶을 열심히 살아온 교인들이 예배 시간에 위로와 새 힘을 얻도록 진심으로 교인들을 격려하고 배려한다.

교회에 처음 나온 새 가족에게도 따스하고 친절하게 인사하여 환영한다. 새 가족이 처음 온 교회에서 부담을 느끼지 않고 마음을 열 수 있도록 편안한 분위기를 만들도록 한다.

① 방향에 대한 안내

안내를 할 때는 시선 처리가 중요하다. 상대를 향해 눈을 바라보도록 한다.

상대의 질문에 경청한 후 안내할 목적지의 방향을 향해 손가락을 모두 모아 손바닥 전체로 가리킨다. 우측을 가리킬 경우에는 오른손을, 좌측을 가리킬 경우에는 왼손을 사용하되 손등이 아니라 손바닥이 보이도록 해서 방향을 안내한다. 가까운 거리를 안내할 때는 팔꿈치를 구부리고, 먼 거리는 팔을 좀 더 펴서 방향을 가리킨다.

안내하는 곳의 거리가 멀거나 방향 전환이 복잡한 경우 중간 목표물을 설정해서 이정표를 삼아 안내하는 것이 효과적이다.

② 목적지로의 직접 안내

교인이나 새 가족을 직접 목적지까지 안내하는 경우 상대가 실내 복도의 중앙에서 걷도록 하고, 자신은 상대의 시야를 가로막지 않도록 상대의 오른쪽 2~3보 앞에서 걷는다. 계단을 올라가고 내려갈 때는 손님의 오른쪽 2~3계단 앞에서 안내한다. 혼자서만 빠른 걸음으로 걷지 않고 보조를 맞추어 가며 안내한다.

방향이 바뀔 때에는 "이쪽입니다"라고 언급을 한다. 도착지에 도착하면 "여기가 교회사무실입니다", "여기가 예배실입니다"라고 도착지를 확인해 드린다.

③ 엘리베이터에서의 안내
교회를 처음 방문하신 손님이나 새 가족에게는 자신이 방향을 안내한다는 점을 기준으로 삼아 상대가 먼저 엘리베이터를 타도록 밖에서 버튼을 누르고 기다린다. 자신도 엘리베이터를 탄 후 가는 곳의 버튼을 눌러 작동시킨다. 내릴 때는 먼저 내려 밖에서 버튼을 누르고 상대가 내리도록 기다렸다가 가는 곳의 방향을 안내한다.

4) 교제 에티켓

이로써 네 믿음의 교제가 우리 가운데 있는 선을 알게 하고 그리스도께 이르도록 역사하느니라 형제여 성도들의 마음이 너로 말미암아 평안함을 얻었으니 내가 너의 사랑으로 많은 기쁨과 위로를 받았노라(몬 1:6~7)

교회에서는 삼위일체이신 하나님을 믿는 사람들이 모여 함께 예배를 드린 후 성도의 교제를 나누게 된다. 성도의 교제는 평안을 주신 하나님의 사랑에 감사하는 마음에서 시작되었다.

교회는 하나님의 영광과 복음을 전파하는 사람들이 모였으므로 교제를 통한 협력이 필요한 곳이며, 그 어느 곳보다 인간관계의 질서가 요구된다. 인간관계의 질서가 잘 유지되기 위해서는 자기중심이 아닌 상대중심으로 생각하도록 한다.

다른 사람을 대함에 있어서 상대가 편안한 마음을 갖도록 하는 태도와 상대의 입장을 배려할 줄 아는 행동이 중요하다. 각자 개성이 다른 사람들이 한 교회에 모여 원활하게 생활해 나가기 위해서는 서로가 상대의 입장을 이해하고 서로의 감정을 존중하는 인간관계를 조성해가는 지혜가 필요하다.

목회자들 간에, 목회자와 교인 간에, 교인들 간에, 교회직원과 손님 간에 필요한 에티켓에 대해 생각해보기로 한다.

이율곡의 『격몽요결』에 나오는 구사(九思)의 내용은 오늘날 크리스천들에게 있어서도 새롭게 조명할 가치가 있는 마음가짐이 될 수 있다.

밝은 마음의 눈, 상대에게 경청하는 귀, 온화한 얼굴빛, 공손한 용모, 성실한 말 한마디, 상대에 대한 공경, 배움의 자세, 분함을 다스릴 줄 앎, 의리에 합당한 것을 취해야 함에 관한 마음을 갖는 것은 스스로의 삶을 되돌아볼 수 있는 의미 있는 지침이 된다. 이는 교회생활 속에 서로가 마음을 열고 배려하는 모습으로 이어질 수 있을 것이다.

① 시사명(視思明)
사람을 대할 때 그의 좋은 면을 밝게 보기를 생각한다.

② 청사총(聽思聰)
상대의 말은 그 뜻을 헤아려 총명하게 들을 것을 생각한다.

③ 색사온(色思溫)
표정에 있어 얼굴빛은 온화하고 부드럽게 가져야 한다고 생각한다.

④ 모사공(貌思恭)

용모는 단정하고 공손해야 한다고 생각한다.

⑤ 언사충(言思忠)

말을 할 때는 성실하고 신의 있게 해야 한다고 생각한다.

⑥ 사사경(事思敬)

공경의 마음을 갖고 사람을 대해야 한다고 생각한다.

⑦ 의사문(疑思問)

의문이 나는 것은 질문을 해서 배워야 한다고 생각한다.

⑧ 분사난(忿思難)

화가 날 때 마음을 다스려 후에 곤란함이 없어야 한다고 생각한다.

⑨ 견득사의(見得思義)

좋은 것이 생기면 내가 얻는 것이 옳은가를 생각한다.

(1) 목회자들

*너는 그리스도 예수 안에 있는 믿음과 사랑으로써 내게 들은바
바른말을 본받아 지키고 우리 안에 거하시는 성령으로 말미암아
네게 부탁한 아름다운 것을 지키라(딤후 1:13~14)*

○ 담임목사의 부목사에 대한 에티켓

담임목사는 교회의 책임자로서 인격과 언행에 있어 모범이 되어야 한다. 업무능력에 있어서도 지도자로서 솔선수범하여 따르게 하는 통솔력을 지니도록 한다.

부목사들을 향하여 신뢰의 태도를 먼저 보여줄 때 상대도 신뢰하게 된다. 교회의 목표와 비전을 제시하여 부목사들과 함께 비전을 공유하고 실천한다. 최종적 결정권은 담임목사에게 있으나 결정을 내리는 과정 중 부목사들의 의견에도 항상 귀를 기울여 듣고 의견을 존중한다.

부목사들의 업무와 상황을 이해하고자 노력하여 인간관계를 조화롭게 유지한다. 부목사들을 비교하는 것은 주의해야 한다. 부목사들이 지닌 각자의 잠재력을 이끌어내어 은사를 계발하도록 격려한다.

○ 부목사의 담임목사에 대한 에티켓

담임목사는 직책상 교회의 균형적 운영과 발전을 생각해야 하므로 겸손한 태도로 존중하면서 업무 수행에 협력해야 한다. 담임목사의 경험과 지혜를 소중히 인정하면 자신의 경험과 지식의 세계를 넓혀갈 수 있다.

견해차가 발생하는 경우 서로의 사고방식, 입장, 상황 등 대립의 원인을 살펴보고 서로의 다름을 이해하는 출발점으로 삼아 조정을 해나가야 한다. 담임목사의 판단에 문제가 있으면 예의를 지키면서 자신의 의견을 제시해야 한다. 뒤에서 불만을 이야기하는 것은 현명한 방법이 아니다. 담임목사와의 관계에서 단점을 너그러이 받아들여야 한다. 인간은 누구나 완전하지 못하고 장점과 단점이 있다는 관대한 마음을 가져야 한다.

자신의 실수에 대해 담임목사로부터 질책을 받을 때는 잘못을 일깨워주었다는 사실을 인식하고 성장의 밑거름으로 삼아야 한다.

○ 부목사들 간의 에티켓

동역자를 배려하는 마음을 가지며 전체 사역에 조화를 이루도록 협력한다. 각자의 사역에 최선을 다하면서 더불어 발전해나갈 수 있도록 하여 함께 성장하도록 한다.

일방적으로 자신의 의견과 사고방식을 상대에게 강하게 주입하려고만 들면 관계가 어려워지므로 주의해야 한다. 업무수행에 협조를 구할 때는 성실한 조언과 협력을 해줄 수 있어야 한다. 늘 상호 존중하는 언어를 사용한다.

동역자를 나쁘게 평가하는 것은 자신을 세우려는 이기심에서 비롯된다. 만일 상대에게 부족함이 있다면 신중하고 조용히 충고해주는 것이 좋다. 항상 상대의 장점을 보려고 노력하고 칭찬을 아끼지 않음으로써 격려한다.

(2) 목회자와 교인

가르침을 받는 자는 말씀을 가르치는 자와 모든 좋은 것을 함께 하라(갈 6:6)

○ 목회자의 교인에 대한 에티켓

목회자는 항상 하나님의 은혜를 교인들과 나눌 수 있는 영성과 바른 인성으로 교제를 나누어야 한다. 교인들의 신앙생활에 유익과 힘이 되도록 배려한다.

어떠한 상황에서든지 침착한 표정과 자세로 교인들을 대한다.

교인들의 의견을 존중하며 신앙적으로 편안하고 감화를 줄 수 있도록 관계를 갖는다. 교인들의 신앙적 성숙을 위하여 말씀 연구와 기도에 동참하도록 격려한다.

교인들의 입장과 생각을 존중하며, 작은 약속이라도 반드시 지키도록 한다. 모든 교인을 공정하고 평등하게 대하며 사랑하고 축복한다. 교인들이 지닌 장점을 칭찬하여 은사를 계발할 수 있도록 격려한다.

교인들의 성명을 외워서 기억하고 기도제목을 파악하여 날마다 기도한다. 교인들의 경조사에 함께 참석하고, 어려운 일을 만날 때는 함께 기도함으로써 아픔을 나눈다.

○ 교인의 목회자에 대한 에티켓

교인은 목회자를 존중하며 교회생활 가운데 봉사로써 협력한다. 교회의 질서에 따라 목회자의 지도를 받으며 믿음생활을 한다.

하나님의 말씀과 은혜를 나누는 목회자를 위하여 기도한다. 목회자의 부족함을 험담하지 않고 하나님께 기도함으로써 돕는다. 교구와 구역 내 경조사에 참석함으로써 목회자의 사역을 돕는다. 목회자와의 상담이나 면담을 위해 시간을 정하면 충실히 지키도록 한다.

(3) 교인들

너희는 주 안에서 성도들의 합당한 예절로 그를 영접하고 무엇
이든지 그에게 소용되는 바를 도와줄지니 이는 그가 여러 사람
과 나의 보호자가 되었음이라(롬 16:2)

가까운 교인일수록 언어와 행동의 예의를 지켜야 좋은 관계를
유지할 수 있다. 교회생활 가운데서도 공과 사를 구별할 줄 알아
야 한다. 서로의 장점을 칭찬하고 격려함으로써 가진 은사를 나눌
수 있어야 한다. 상대의 감정, 입장, 관점을 이해하려고 노력한다.

사소한 약속도 반드시 지킴으로써 변함없이 진실한 마음으로
대한다. 서로의 기도제목을 위하여 기도하고 다른 사람에게 함부
로 말하지 않는다. 교인들 간에 물질적 거래를 하지 않도록 한다.
서로 돕고 베푸는 것이 좋지만 물질적인 거래로 인해 관계가 불
편해지고 신앙생활을 어렵게 하는 경우가 있다.

상대의 성명을 기억하고, 직분에 '님'을 붙여 호칭한다. 교회
내에서는 학연, 지연, 남녀 등에 대한 편견을 갖지 않고 예수 그
리스도의 지체로서 사랑으로 모두를 대한다.

처음 교회에 나온 새 가족이 교회에 적응할 수 있도록 부담을
주지 않는 차원에서 배려한다. 또한 성경과 찬송가에 익숙하지
않으므로 필요한 것을 옆에서 도와 예배에 잘 적응할 수 있도록
한다. 친한 교인들끼리만 교제함으로써 다른 교인이나 새 가족이
소외감을 갖지 않도록 주의한다.

(4) 교회직원과 손님

손님 대접하기를 잊지 말라 이로써 부지중에 천사들을 대접한
이들이 있었느니라(히 13:2)

○ 교회직원의 손님 응대 에티켓

교회사무실 직원은 교회의 이미지를 대표한다. 교회를 방문한
손님을 밝은 표정과 친절한 자세로 맞이하여 인사를 하고 방문
의 용건을 정중히 묻는다.

손님이 도움을 요청하면 최선을 다해 정성껏 돕는다. 자신이
도울 수 없는 일이거나 상황일 경우 잠시 양해를 구한 후 담당자
를 찾아 해결할 수 있도록 한다. 손님이 도울 수 없는 일을 요청
하는 경우 직설적으로 거절하면 무성의한 인상을 주게 되므로
거절하는 상황을 설명하여 손님이 이해할 수 있도록 한다.

손님이 약속한 사람을 기다려야 할 경우 주보나 교회 관련 책자 등을 제공하여 읽으시도록 배려한다. 손님에게 차를 대접할 때는 기호를 질문하여 그에 맞게 준비한다. 만일 커피를 대접할 경우 기호에 따라 설탕과 크림을 넣는 양에 차이가 있으므로 준비하기 전에 여쭈어본다.

손님이 방문의 용무를 마치고 교회사무실을 나갈 때는 소지품을 놓고 가지 않도록 세심하게 주의를 기울인다. 손님을 배웅할 때는 사무실 문이나 엘리베이터 앞까지 나가서 정중하게 인사를 한다.

○ 손님의 교회사무실 방문 에티켓

교회사무실은 항상 업무가 계속되는 장소이기 때문에 사전에 전화로 시간 약속을 하고 방문하도록 한다. 사무실을 방문할 때는 업무가 시작되는 이른 오전, 점심시간, 업무가 마감되는 시간은 피하도록 한다. 약속시간은 반드시 지킨다. 약속시간 5분 전에는 도착하는 것이 예의이다. 만일 가는 도중 늦을 경우 전화연락을 한다.

사무실에 도착하면 직원의 안내를 받아 안으로 들어간다. 약속한 상대와 대면하면 가방과 코트를 잠시 내려놓고 인사를 나눈 후 간결하게 자기소개를 한다.

좌석은 상대가 권하는 의자에 앉도록 한다. 상석의 위치를 기억해두면 도움이 된다. 대개 출입문에서 먼 쪽이 상석이다. 의자에 앉기 전 코트는 의자의 등받이나 팔걸이에 놓고, 큰 가방은 의자의 오른쪽 아래 바닥에 내려놓는다.

상대가 차를 대접하기 위해 원하는 차의 종류를 질문하면 마시고 싶은 차를 선택해 명확히 말하는 것이 좋다. 차를 대접받은 후 감사의 인사를 하고 마시도록 한다.

용무가 끝나면 시간을 내준 상대에게 정중하게 감사의 인사말을 하고 일어나 인사를 한다. 교회사무실의 직원과도 인사를 나누고 나오도록 한다.

TIP 손님에게 차를 대접하는 에티켓

차 생활은 차를 마시면서 자신의 마음을 차분히 하고, 상대를 배려하며 존중하는 의미를 갖는다. 또한 차를 대접함으로써 상대를 진심으로 환대하게 된다. 서로의 마음을 열게 되고, 교회에 대한 좋은 이미지를 갖게 한다.

손님이 계신 곳으로 준비한 차를 가져갈 때는 노크를 가볍게 한 뒤 문을 연다. 이때 한 손으로는 쟁반을 들고 다른 손으로 문을 연다.

목례를 하고 안으로 들어선다. 문을 조용히 닫고 테이블 앞
으로 가 보조 테이블에 쟁반을 내려놓는다. 잔에 받침접시를
받쳐 두 손으로 상석부터 정중하게 손님 앞으로 차를 낸다.
손잡이가 있는 찻잔은 손님이 보는 방향에서 손잡이가 오른
쪽으로 향하게 놓는다.

차를 낸 후 쟁반을 두 손으로 든 다음 목례를 하고 조용히 문
을 닫고 나온다.

5) 심방 에티켓

*며칠 후에 바울이 바나바더러 말하되 우리가 주의 말씀을 전한
각 성으로 다시 가서 형제들이 어떠한가 방문하자 하고(행 15:36)*

*네 양 떼의 형편을 부지런히 살피며 네 소 떼에게 마음을 두라
(잠 27:23)*

심방은 교회에서 위임을 받은 사람이 신앙적 목적(롬 1:10~13)
으로 교인의 가정을 방문하는 것을 말한다. 또한 심방은 피심방인

을 방문하여 예배를 드리며, 신앙 상담을 하는 가운데 자연스럽게 위로와 권면, 돌봄과 치유, 복음을 전하는 하나님의 사역이다. 더불어 목회자와 교인 간에 인격적인 만남이 이루어지는 중요한 시간이다.

심방을 통해서 개인과 가정의 신앙생활에 유익을 가져오며 교회가 성장하는 계기가 된다. 목회자는 심방하면서 교인의 개인적인 사정과 형편을 알게 되고 함께 기도하며 격려하게 된다.

목회자의 심방은 교인들의 신앙생활을 돕고, 성도의 교제를 이루는 데 도움이 된다. 심방대원은 목회자를 돕고 교인들의 가정에 은혜가 있기를 기도해야 한다.

TIP 심방의 종류

① 대심방

목회자가 봄과 가을에 심방대원들과 함께 교인들의 가정을 찾아가는 심방이다. 최근에는 교인들의 각 가정을 순서대로 돌아본다는 의미로 순회심방이라고도 한다.

② 유고 심방

기쁜 일이 있는 가정에는 축하하고, 슬픈 일이나 어려운 일을 겪는 가정에는 찾아가 위로함으로써 신앙생활을 격려하는 심방이다. 유고 심방의 상황으로는 백일, 돌, 생일, 이사, 개업, 입주, 입학, 졸업, 취업, 진급, 혼인, 회갑, 임종, 문상, 사고, 입원, 사업실패, 가정불화 등이 있다.

③ 새 가족 심방

새 가족의 신앙생활에 도움을 주며 교회에 등록하여 양육되도록 하기 위한 심방이다.

④ 전도 심방

불신자 혹은 교회에 출석했으나 여러 사정으로 출석하지 못하는 사람을 찾아가 전도의 열매를 맺는 심방이다.

⑤ 직장 심방

가정에서 만나기 힘든 교인 혹은 가정으로 심방하기 어려운 사정이 있을 경우 직장으로 찾아가 위로와 권면을 통해 신앙생활을 격려하는 심방이다.

⑥ 전화 심방

전화 통화로 교인을 보살피는 심방이다. 주중에 구역장에게 전화를 하여 구역원들의 안부를 묻고 어려움이 있는 가정에 전화를 함으로써 격려한다. 주일 결석자들에게 전화를 하여 결석 사유를 확인하고 출석을 권면한다. 자택환자와 입원환 자들에게 전화로 격려하고 기도해주기도 한다.

⑦ 특별 심방
교회에 출석하기 어려운 상황에 있는 사람을 찾아가 위로하고 격려하는 심방이다.

⑧ 초청 심방
교인들의 가정을 각각 교회로 초청하여 목회자가 상담 후 예배를 함께 드리고 숙목하는 심방이다.

(1) 심방인

목회자는 심방사역에 성령의 인도하심과 역사하심이 나타나도록 먼저 기도로 준비한다. 영혼을 사랑하는 마음가짐을 가져야 한다. 진심으로 아끼고 사랑하는 마음으로 교인을 방문할 때 영적 문제들이 치료되는 능력이 나타난다.

예수 그리스도의 몸 된 교회의 한 지체로서 교인들과 친밀한 관계를 가져야 한다. 심방하는 각 가정에 가족들의 구원과 기도

제목이 이루어지도록 간절히 기도하고 성령님의 도우심을 구하며 말씀을 준비한다. 심방에 필요한 심방카드, 교패, 메모지, 필기도구 등을 준비한다.

심방대원들을 구성할 때는 신앙이 성숙한 교인을 선택한다. 심방대원으로 선택된 교인들을 모아 미리 심방 일정과 주의사항을 교육한다. 심방일정표를 미리 계획해서 심방대원들과 피심방인에게 알려준다.

언제든지 언행에 실수가 없도록 조심하여야 한다. 깨끗하고 단정한 옷차림으로 심방을 한다. 심방을 하기 위해 출발 전 교회에 모여 심방대원들과 함께 기도하고 출발한다.

목회자를 통하여 심방하는 가정에 필요한 말씀이 주어지도록 기도로 준비한다. 심방 받는 가정에 믿음이 성장하기를 기도하며 심방대원들도 은혜를 받도록 기도한다. 심방대원은 신앙생활에 힘써 다른 교인들에게 모범이 되어야 한다.

교인들의 가정을 방문하는 심방대원의 복장과 용모도 단정해야 한다. 심방을 위한 출발시간 10분 전 교회에 도착해서 마음의 준비를 하고 필요한 심방 준비물을 확인한다.

심방대원은 심방할 가정을 안내하며 그 가정의 사정을 목회자에게 미리 알린다. 승용차의 경우 목회자를 포함해서 3~4명의 인원이 탑승하게 된다. 상석의 위치를 알아두어 좌석 배치에 활용한다.

각 교인의 가정에 약속시간 5분 전에는 도착할 수 있도록 시간을 맞추어 조절한다. 부득이한 사정으로 지연될 때는 전화로 상황을 알린다.

도착해서 초인종을 누른 후 교인이 문을 열고 나오면 문 앞에서 반갑게 인사를 나눈다. 교인의 가정으로 들어가서는 그 가정의 평강을 위해 기도한다. 심방예배 전 집안을 둘러보거나 집안의 물건을 만지지 않도록 한다.

목회자의 자리를 중앙으로 정하고 심방대원들이 모두 앉은 후 교인과 그 가족들이 목회자의 맞은편에 앉도록 한다. 심방예배에 앞서 목회자는 그 가정의 사정을 살펴야 하기 때문에 잠시 대화의 시간을 갖는다. 가정의 평안과 안부에 대해 진솔하게 대화를 나눈다. 그 가정의 좋은 면을 칭찬하면 밝은 분위기를 만들 수 있다.

가정의 상황과 기도제목을 들은 후 분위기를 정돈하고 예배를 시작한다. 인간적인 경험이나 권면이 아닌 하나님의 음성이 들려지도록 말씀을 전한다. 설교 후 하나님의 복을 기원하고 가정의 기도제목을 위하여 기도한다.

목회자와 교인 간에 상담이 필요한 경우 가정의 문제를 올바르게 진단하고 실제로 해결될 수 있도록 권면을 한다. 심방대원은 조용히 듣고 관여하지 않도록 한다. 교인이 마음의 문을 열 수 있도록 신의를 지켜야 하며, 심방 시 들은 가정의 사정을 외부에 말하지 않도록 주의하고 기도제목을 위해 기도로 돕는다.

예배가 끝난 후 교인의 가정에서 준비한 다과나 식사를 담소하며 나눈다. 대접받기 위한 심방이 아니라 은혜와 사랑을 나누는 심방이어야 한다. 다과 혹은 식사 대접을 받게 되면 예의를 지키면서 감사 인사를 하고 먹도록 한다. 심방이 끝나고 교인의 가정을 나올 때는 심방을 위해 준비한 교인에게 따스한 격려와 감사의 인사말을 건넨다.

심방은 시간을 적절하게 조절해서 한 가정에 너무 오래 머물지 않도록 한다. 심방예배 시간은 약 20분 정도가 적당하다. 예배와 대화를 통하여 신앙의 성장을 이끌 수 있는 힘을 주도록 한다.

교통수단인 승용차에서 상석은 타기 쉽고 내리기 편한 곳이다.

승용차를 자가 운전할 경우 운전석 옆자리가 상석이 되며, 운전기사가 있는 경우에는 운전기사 자리로부터 대각선 방향의 뒷좌석이 상석이 된다.

승용차를 탑승할 때 먼저 차내에 앉은 후 두 다리를 모아 탑승한다.

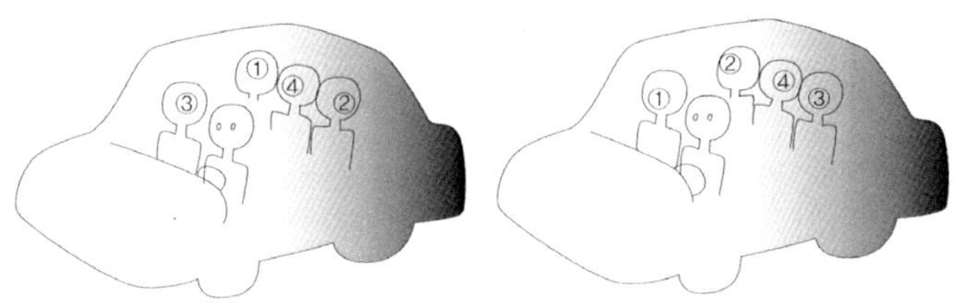

운전기사가 있는 경우   자가 운전인 경우

(2) 피심방인

심방은 목회자와 심방대원들도 준비해야 하지만, 무엇보다도 심방 받을 교인과 그 가정도 준비를 해야 한다. 심방날짜가 정해지면 가정이 평안하고 심방을 잘 받을 수 있도록, 예배를 정성으로 드릴 수 있도록, 설교하는 목회자를 위하여 온 가족이 사모하는 자세로 기도한다.

심방 받는 전날, 집 안을 청소하고 주님을 맞는 마음으로 준비를 한다(행 10:24, 33). 당일에는 방이나 거실에 심방예배를 위한 상과 방석을 마련해놓는다. 목회자와 심방대원들이 도착하기 전 깨끗한 복장으로 갈아입는다.

현관에 나가 목회자와 심방대원들을 친근하게 맞이하여 예배 장소로 안내한다. 오신 분들의 외투를 받아서 옷걸이에 걸고 신발은 나갈 때에 신기 편한 위치에 정돈해 놓는다.

천사를 대접했던 아브라함이 복을 받았던 것처럼 심방을 오신 분들을 대접한다(창 14:20, 창 18:8, 히 7:4). 접대를 위한 다과나 식사는 간소하고 정결하게 마련한다. 하루에 여러 가정의 심방이 이루어지는 경우 사전에 미리 구역장과 의논하여 다과나 식사를 준비하는 것도 좋다.

심방이 끝난 후 현관까지 나가 배웅하며 정중하게 감사의 인사를 한다. 심방을 통해 주신 말씀과 권면을 소중히 여겨 기억하고 실천하는 일에 최선을 다한다.

6) 통신 에티켓

사랑하는 아들 디모데에게 편지하노니 하나님 아버지와 그리스도 예수 우리 주께로부터 은혜와 긍휼과 평강이 네게 있을지어다(딤후 1:2)

너희는 우리로 말미암아 나타난 그리스도의 편지니 이는 먹으로 쓴 것이 아니요 오직 살아 계신 하나님의 영으로 쓴 것이며 또 돌판에 쓴 것이 아니요 오직 육의 마음판에 쓴 것이라(고후 3:3)

성경을 살펴보면 사도들은 먼 곳에 있는 성도들에게 의사를 전달하기 위해 많은 편지를 써서 보냈다. 현대는 바쁜 일상생활 가운데 직접 만나 대화하기 어려운 경우 전화와 이메일을 많이 사용하게 되는데 이는 시간이 절약되는 좋은 면이 있다.

교회생활에서도 전화로 심방하며 안부를 묻고, 위로와 격려로 기도하고 때로는 축하하기도 한다. 그러나 직접 얼굴을 보고 대화하는 경우와는 달리 전화로 통화를 하는 경우 표정을 볼 수 없기 때문에 전달이 잘못되어 오해가 생기기도 하고 관계가 어려워지는 경우도 있다. 그러므로 사람들을 만나 직접 대화를 나누는 것 이상으로 전화나 이메일과 같은 통신매체를 통해 서로의 생각과 감정을 전하는 교제에도 에티켓이 요구된다.

(1) 전화

○ 전화를 받는 예절

전화를 받을 때는 항상 존대어를 사용한다. 전화 가까이에는 메모를 위한 필기도구와 종이를 준비해놓는다. 전화를 건 상대가 전언을 요청할 경우 성명과 용건을 잘 듣고 정확하게 메모한다. 메모가 끝나면 상대에게 메모한 내용을 확인한다.

전화를 건 상대가 찾는 사람을 바꾸어줄 때는 "잠시만 기다려 주십시오. 바꾸어 드리겠습니다"라고 말한 후 송화기를 손으로 막고 "○○에서 전화 왔습니다"라고 말하면서 바꾸어준다.

전화를 받아야 할 사람이 통화 중일 때는 "지금 통화 중이니 잠시 기다려주십시오” 또는 “통화가 길어질 것 같습니다. 통화가 끝나는 대로 전화를 드리면 어떨까요?”라고 양해를 구한다.

전화를 받을 사람이 자리에 없을 때는 “연락처를 말씀해 주시면 들어오는 대로 전화를 드리도록 전하겠습니다”라고 말한다.

통화가 끝난 후에는 전화를 건 쪽에서 먼저 전화를 끊은 것을 확인한 후 전화받은 사람도 수화기를 내려놓도록 한다.

○ 전화를 거는 예절
전화를 거는 사람은 자신의 소속과 이름을 먼저 밝힌다. 전화를 받은 사람이 바쁜 상황이면 전화 용건부터 먼저 밝혀 상대가 빠르게 이해할 수 있도록 한다. 예를 들어, “내일 구역모임 시간을 알려 드리려고 합니다”와 같이 간결하고 요령 있게 말한다.

찾는 사람이 없을 때는 전화를 받은 상대에게 “죄송하지만 ○○○가 ○○일로 전화했다고 전해주시면 고맙겠습니다”라고 정중히 부탁한다.

만일 전화가 잘 안 들리는 때는 망설이지 말고 그 사정을 알린다. “죄송합니다. 전화가 잘 안 들립니다”라고 말하는 것이 통화 내용을 재차 묻는 것보다는 실례가 되지 않는다.

(2) 이메일

이메일을 보낼 때 제목은 메시지의 내용을 함축하여 명료하게 작성한다. 본문의 서두에는 인사말을 적는다. 내용은 간결하고 정중한 문장으로 쓴다. 글자의 크기와 색, 줄 간격 등도 받는 사람이 보기 좋게 작성한다. 내용을 작성한 후 간단한 인사말과 함께 보내는 사람의 성명을 밝힌다.

한 번 전송한 이메일은 고칠 수 없으므로 보내기 전 반드시 읽고 검토하는 습관을 가져야 한다. 급한 용무일 경우 이메일 전송 후 전화를 걸거나 문자메시지를 통해 알린다. 상대의 이메일함의 용량 부족으로 이메일이 제대로 들어가지 못할 경우를 대비해 수신 확인도 잊지 않도록 한다.

7) 식사 에티켓

예수께서 떡을 가져 축사하신 후에 앉아 있는 자들에게 나눠 주시고 물고기도 그렇게 그들의 원대로 주시니라(요 6:11)

*날마다 마음을 같이 하여 성전에 모이기를 힘쓰고 집에서 떡을
떼며 기쁨과 순전한 마음으로 음식을 먹고 하나님을 찬미하며
또 온 백성에게 칭송을 받으니 주께서 구원받는 사람을 날마다
더하게 하시니라(행 2:46~47)*

예수 그리스도께서도 제자들과 함께 식사를 나누셨으며 최후
의 만찬 자리에서는 진정한 식탁 공동체의 의미를 말씀하셨다
(마 26:26~28). 크리스천은 주일 공동식사, 심방 후의 식사와 교
제 시간의 식사 등과 같이 여럿이 식사할 경우가 많이 있다. 상
대를 배려하는 마음과 예의 바른 태도로 식사의 자리에 함께함
이 바람직하다.

(1) 음식

일상적인 경우 웃어른이 상석에 앉으시도록 자리를 마련한다.
심방 후인 경우에는 말씀을 전한 목회자가 먼저 상석에 앉으시
도록 자리를 권한다. 심방대원들과 교인도 자리를 정해 앉으면
감사의 식사기도를 한다. 목회자나 웃어른이 수저를 들어 식사를
시작하면 모두가 먹기 시작한다.

여럿이 식사를 할 때는 자기가 필요한 양만큼 덜어서 먹을 수

있도록 각 접시를 준비하도록 한다. 식사량이 적은 사람은 남기지 않도록 먹을 수 있는 분량을 받거나 음식을 먹기 전 미리 덜어서 먹는다. 다른 사람을 배려하지 않고 자신이 좋아하는 음식만 먹는 일은 없도록 한다.

식사 중에는 즐거운 주제로 이야기를 나누도록 한다. 단, 입에 음식이 있을 때는 말하는 것은 삼간다.

식사 중 젓가락과 숟가락을 동시에 한 손에 들고 있는 것은 보기도 좋지 않고 옆 사람에게 불편을 주므로 주의한다. 나박김치 국물, 동치미국물 등을 자신이 쓰던 숟가락으로 떠먹으면 기름기가 뜨기 쉬우므로 개인별로 작은 그릇에 덜어서 먹는다. 식사 중 뼈나 가시는 휴지나 냅킨에 싸서 나중에 깨끗하게 모아 버린다.

식사 속도는 보조를 맞추는 것이 좋다. 같이 식사하는 사람들보다 먼저 다 먹었으면 숟가락을 국그릇에 담아놓았다가 모두 식사가 끝나면 상 위에 젓가락과 가지런히 숟가락을 내려놓는다.

(2) 차

　우리 고유의 차에는 정성을 가득 담을 수 있다. 차 생활은 이웃
이나 교인들과 교제 시 크리스천의 섬김을 실천하면서 친교를 나
누는 데 도움이 된다. 심방예배 후 전통 녹차를 활용하여 목회자
와 심방대원들을 접대한다면 한 잔의 차를 통해 정성스럽게 감사
를 표현할 수 있을 것이다.

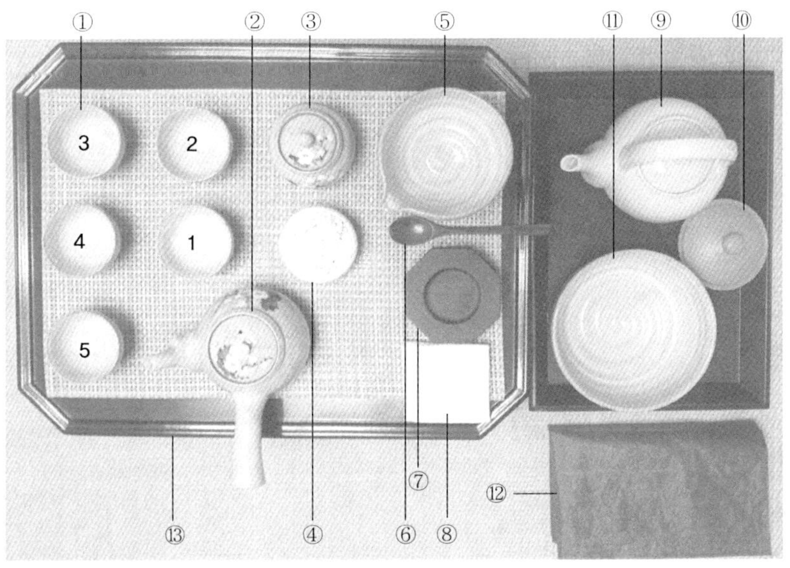

① 찻잔 ② 다관 ③ 차호 ④ 뚜껑받침 ⑤ 숙우 ⑥ 차 숟가락 ⑦ 찻잔받침 ⑧ 다건 ⑨ 탕관 ⑩ 다식접시
⑪ 퇴수기 ⑫ 차 상보 ⑬ 찻상

접빈다례(接賓茶禮)　5인 찻상 배열

차를 내는 주인을 포함하여 5명을 기준으로 한 접빈다례(接賓
茶禮)의 순서는 다음과 같다.

주인이 차 상보를 들어 무릎 위에서 고이 접어 오른쪽 퇴수기
뒤에 놓는다. 다건을 왼손에 들고 오른손으로 탕관을 들어 예열
할 물을 숙우에 붓는다. 탕관을 제자리에 가져다 놓는다.

다관의 뚜껑을 열어 뚜껑을 뚜껑받침 위에 올려놓는다. 숙우에
담긴 물을 다관에 부은 후 다관의 뚜껑을 닫는다. 다시 한 번 탕
관을 들어 5명이 마실 분량의 물을 숙우에 부은 후 탕관과 다건을
제자리에 가져다 놓는다. 물이 담긴 다관을 들어 5개의 찻잔에 고
르게 나누어 모두 붓고 다관을 제자리에 둔다.

차호를 가져와 왼손에 받치고 오른손으로 뚜껑을 열어 뚜껑을
차호 자리에 놓는다. 오른손으로 차 숟가락을 들어 차를 떠서 인
원수(1인 1～2g 정도)에 맞게 다관에 넣는다. 차호의 뚜껑을 가져
와서 닫고 차호를 제자리에 둔다.

다건을 왼손에 들고 숙우에 담긴 물을 다관에 붓는다. 숙우를
제자리에 두고 다관의 뚜껑을 닫는다. 1번 찻잔부터 5번 찻잔까지
차례로 예열한 물을 버리고 제자리에 놓는다. 다건을 제자리에 놓

은 후 다관을 들어 1번 찻잔부터 5번 찻잔까지 잔의 2분의 1 정도씩 차를 따른다. 다시 5번 찻잔부터 1번 찻잔까지 잔의 70~80%까지 차를 따른다. 다관을 제자리에 놓는다.

찻잔받침을 가져와 1번 찻잔을 올려놓고 먼저 목회자에게 드린다. 2, 3, 4번 찻잔을 심방대원들에게 드리고 마지막 5번 찻잔은 주인의 앞으로 가져다 놓는다. 주인이 목례를 하면서 드시기를 청하면 목회자와 심방대원들은 주인에게 감사의 인사를 하고 차를 마신다.

찻잔을 들 때에 찻잔받침은 들지 않는다. 오른손가락을 가지런히 모아 찻잔을 잡으며 왼손바닥에 찻잔을 올리고 두 손으로 찻잔을 들고 마신다. 차를 마실 때는 차의 색, 향, 미의 순서로 감상하며 세 번에 나누어 천천히 마신다.

주인은 탕관을 들어 두 번째 차 우릴 물을 숙우에 붓는다. 다관의 뚜껑을 열고 숙우에 담긴 물을 다관에 붓는다. 다관을 들어 두 번째 우린 차를 숙우에 따른다. 숙우를 목회자와 심방대원들이 들기 쉬운 방향으로 내어놓는다. 이때 다식도 함께 낸다.

3. 가족과 나

1) 가족관계 에티켓

예수께서 이르시되 오늘 구원이 이 집에 이르렀으니 이 사람도
아브라함의 자손임이로다(눅 19:9)

이르되 주 예수를 믿으라 그리하면 너와 네 집이 구원을 받으리
라 하고 주의 말씀을 그 사람과 그 집에 있는 모든 사람에게 전
하더라(행 16:31~32)

인간생활의 보금자리인 가정은 가족 간의 사랑과 우애로 서로

도우며 사는 공동생활의 터전이며, 사회생활의 기초적인 생활양식을 몸에 익히고 인격을 수양하는 곳이다. 이에 가족 간에 서로를 존중하며 에티켓을 지켜나갈 때 화목한 가정을 이룰 수 있으며, 나아가 밝고 명랑한 사회생활을 해나갈 수 있다.

가정은 하나님께서 만드신 첫 번째 축복의 공동체이다. 남자와 여자가 만나 가정을 이루고 자녀를 키워 믿음의 공동체를 이루어 대를 이어가는 것은 하나님의 섭리이다. 믿음의 조상들이 가는 곳마다 예배를 드렸던 것처럼 부부가 하루를 시작하는 아침 시간에 함께 하나님의 말씀을 읽고 기도하는 예배 공동체가 될 때 하나님께서 만드신 가정의 신비를 느끼며 감사하게 될 것이다.

가정에서 부모는 자녀와 가장 밀착된 관계로 최초의 교사가 된다. 자녀의 기본적인 생활태도와 성격이 가정에서 형성되며, 인간관계의 바른 에티켓에 대한 습관 형성도 가정교육을 통해 자연스럽게 이루어지므로 가족 간 에티켓은 모든 인간관계의 토대가 된다. 부모는 자녀의 인성 발달에 핵심적인 역할을 하므로 자녀교육의 근본원리를 사랑에 두고 절제 있는 가르침으로 상호 많은 교류를 통해 폭넓은 경험을 함께하도록 한다.

형제자매는 한 나무에 달린 꽃과 열매처럼 혈연으로 맺어진

관계이다. 또한 같은 세대이기 때문에 경험이 유사하여 상호 정보를 주고받을 수 있는 수평적이고 호환적인 관계라 할 수 있다. 오늘날에는 형제자매의 수가 적으므로 형제자매와 그 배우자들 간의 친밀감이 더욱 중요해지고 있다.

(1) 남편과 아내

사람이 부모를 떠나 그의 아내와 합하여 그 둘이 한 육체가 될 지니 이 비밀이 크도다. 나는 그리스도와 교회에 대하여 말하노라. 그러나 너의노 각각 자기의 아내 사랑하기를 자신같이 하고, 아내도 자기 남편을 존경하라(엡 5:31~33)

○ 남편과 아내 상호 간의 에티켓

부부는 하나님을 가정의 주인으로 모시고 하나님이 함께하는 공동체를 만들 때 행복한 관계가 될 수 있다. 함께 하나님의 말씀을 읽으며 서로를 위해 진심으로 기도할 때 가정의 소중함을 알게 된다.

핵가족 내 평균 수명의 연장과 자녀 수의 감소 등으로 부부가 함께 생활하는 기간이 길어지면서 부부간 적응의 중요성이 더욱 커져가고 있다. 제일 가까운 존재이기에 그 어느 가족관계 못지 않게 지켜야 할 에티켓이 있음을 잊지 않도록 해야 한다.

부부는 평등한 관계에서 서로를 바라보고 존중할 수 있어야 하며, 상대의 독립성을 인정함과 동시에 조화로운 관계를 유지해야 한다. 각자의 개성과 독자성을 지니면서 부부가 하나로 융합될 때 비로소 조화롭고 평등한 부부관계가 형성될 수 있다. 공경하고 아껴주는 삶을 살아가는 부부가 만들어가는 가정은 자녀들에게도 바른 생활을 익히게 하는 교육의 장이 된다.

성장환경이 다른 두 사람이 만나 부부가 되는 순간부터 서로 다름은 인정하되 하나가 되기 위해 노력한다. 일상의 크고 작은 일들에 대해 대화를 나누면서 함께 해결해 나간다. 갈등이나 오해가 생길 때 지혜롭게 대화로 풀어나가야 부부의 사랑이 커진다. 개인적인 생각이나 생활방식을 상대에게 무조건 강요하지 않아야 한다. 서로의 다름을 이해하고 조화를 위해 협력하며 서로에게 필요한 존재임을 깨닫고 그 소중함을 지켜나가도록 한다.

가계의 예산을 계획하고 수입이나 지출을 고려한 저축의 시기와 방법 등에 대해서도 함께 계획하고 현명하게 실천할 수 있도록 노력한다.

남편은 아내의 가족을, 아내는 남편의 가족을 사랑하는 마음으로 대하도록 한다. 양가의 부모님과 형제자매들에게 관심을 갖고 화목을 위해 노력한다. 가정이라는 삶의 보금자리는 혼인을 맺는 두 사람과 그를 둘러싼 모든 가족과 친족들이 어우러져 사는 곳임을 기억하는 마음가짐에서 성장한다.

취미는 애정을 함께 나눌 수 있으며 공통의 관심사를 만들어 준다. 부부가 함께 즐거움을 나누면서 창조적인 생활을 할 수 있는 여가생활을 만들도록 한다.

○ 남편으로서의 에티켓

집안이 화목하고 질서 있는 가정을 이루기 위해서는 남편은 예의 바르고 책임감 있게 행동해야 한다. 집안의 경제와 자녀의 양육을 아내와 의논하고 아내의 의견을 존중하여 결정하는 습관을 갖는다. 아내의 취미, 개성을 존중해주고 아내가 자기 계발을 할 수 있도록 격려한다.

아내에 대한 사랑과 관심을 말과 행동으로 구체적으로 표현한다. 아내가 좋아하는 꽃과 선물을 사다 주기도 하고 사랑을 언어로 표현하도록 한다. 아내의 생일이나 결혼기념일을 기억해 축하해준다.

서로의 생각과 상황을 상대의 입장에서 고려할 수 있어야 한다. 부부간 갈등이 생길 때는 먼저 아내의 의견을 경청하여 아내의 입장을 이해하며 서로 양보하도록 한다.

아내의 가사 노동에 대하여 감사한 마음을 갖고 아내에게 도움이 되도록 노력한다. 아내가 만든 음식을 먹을 때 먼저 수고에 대한 감사의 표현과 함께 칭찬의 말을 아끼지 않는다. 아내가 직장생활을 하는 경우 직장 일과 가사의 이중 역할 수행에 대한 아내의 부담을 덜어주도록 협력한다.

○ 아내로서의 에티켓

현숙한 아내(잠 31:10)가 되어 하나님을 경외하며 가정의 일을 부지런히 하여 남편이 신뢰하며 직장생활을 할 수 있도록 돕는다. 남편과 자녀들을 위하여 항상 기도하는 아내, 기도하는 어머니가 되도록 한다. 남편을 존중하며, 가족을 자랑스럽게 여기는 마음으로 생활하면 행복한 가정을 이룰 수 있다. 아내가 남편을 존경할 때 자녀들이 아버지를 존경하게 된다.

남편이 가정에 돌아와 피로를 풀고 재충전할 수 있도록 편안히 쉴 수 있는 분위기를 만들도록 한다. 남편의 의견을 존중하고 남편의 사회생활에 관심을 갖고 수고에 대해 감사의 마음을 갖는다. 남편에게 자신감과 용기를 주며 남편이 자신의 능력을 발

휘할 수 있도록 지지한다.

가정의 기념일들을 기억하여 화목하고 밝은 가정의 분위기를 만들도록 한다. 계획적인 의식주 생활로 가족 모두의 건강과 안전을 도모하도록 한다. 가계를 잘 관리하고 지혜롭게 절약하는 습관을 갖도록 한다.

(2) 부모와 자녀

자녀들아 주 안에서 너희 부모에게 순종하라 이것이 옳으니라. 네 아버지와 어머니를 공경하라 이것은 약속이 있는 첫 계명이니 이로써 네가 잘되고 땅에서 장수하리라 또 아비들아 너희 자녀를 노엽게 하지 말고 오직 주의 교훈과 훈계로 양육하라(엡 6:1~4)
내 아들아 네 아비의 훈계를 들으며 네 어미의 법을 떠나지 말라 이는 네 머리의 아름다운 관이요 네 목의 금 사슬이니라(잠 1:8~9)

○ 부모와 미혼 자녀 간의 에티켓

¤ 부모
부모가 자녀를 바르게 양육하기 위해서는 먼저 부모의 마음에 하나님의 말씀을 새겨야 한다. 그러기 위해 부모는 성경 읽기를 꾸준히 하여 자신의 마음에 새겨진 말씀을 기준으로 자녀를 가르치도록 해야 한다(신 6:6~7). 부모는 자녀가 하나님께서 창조하신 한 인격체임을 알고 자녀를 책임감 있게 양육해야 한다.

훌륭한 부모상을 보여주어야 한다. 가정생활, 교회생활과 사회생활 가운데 좋은 모델이 되어 자녀가 보고 배울 수 있도록 한다. 건전한 사회인으로 노력하며 바른 생활태도를 솔선수범한다. 부모는 사랑이 넘치는 행복한 가정을 만들어야 한다. 부모 역할 수행의 준비를 위해서는 계속적인 독서와 부모교육이 필요하다.

지나치게 엄격하기만 하면 가정 분위기가 차갑게 되기 쉽고, 부모 자녀 간에 애정의 교류가 원활히 이루어지지 않는다. 자녀가 부모로부터 사랑을 받고 있다는 확신을 갖도록 다정하고 따뜻하게 대해야 한다. 자녀가 잘못하였을 때는 그 자리에서 주의를 주고 고치도록 한다. 이때 자녀가 무엇을 잘못한 것인지를 깨닫도록 이해시키고 바로잡아 주어야 한다.

자녀와 지내는 시간을 가능한 한 많이 갖도록 노력하며 관심, 사랑, 배려가 담긴 대화를 나누도록 한다. 자녀가 책임감을 갖도록 해야 한다. 독립된 인격체로 자율적이고 책임감 있는 자녀가 되도록 이끌어야 한다. 온화한 표정과 단정한 옷차림을 생활화하며, 바른 인사와 고운 말씨를 사용한다. 인사는 타인에게만 하는 것이 아니라 부모 자녀 간에도 중요한 에티켓이다.

자녀와 공동의 경험을 많이 갖도록 한다. 부모와 자녀가 같이 외출이나 여행을 함으로써 공감대를 형성할 때 자녀를 좀 더 이해하고 배려할 수 있다. 가정의 행사나 명절, 어른의 생신 등은 웃어른을 뵙고 문안을 여쭙는 자리이며, 좋은 말씀을 가르침 받는 기회가 되므로 부모와 자녀가 함께 참석하도록 한다.

¤ 미혼 자녀

자녀는 하나님께서 부모님을 통해 이 땅에 태어나 자라게 하신 점을 기억하며 부모님에 대한 효를 실천하도록 한다. 부모님의 말씀에 순종하고 항상 감사하는 마음으로 가정생활, 학교생활, 교회생활을 해야 한다. 가정의 일도 가족구성원들이 분담하여 즐겁게 돕도록 한다.

자신의 일은 스스로 하도록 한다. 자기 방 청소하기, 이불 정리하기, 책상 정리하기, 물건 정돈하기 등 신변 정리를 습관화하여 그에 대한 책임감을 갖고 꾸준히 실천하도록 한다. 가정에서 정한 규칙은 반드시 지키는 태도를 가지며, 일을 처리할 때 규칙에

의거하여 판단하도록 한다. 안전과 건강을 위해 좋은 것과 나쁜 것을 판단하는 기준도 가져야 한다. 용돈관리를 통해 경제관념을 익힌다. 부모가 주시는 용돈을 유용하게 사용하고, 규모 있는 계획된 경제생활을 습관화하도록 한다.

부모와 친밀한 대화를 나눈다. 그날에 있었던 중요한 일과 자신이 생각하고 느낀 점을 말씀드린다. 부모님께 감사함을 말로 표현하고, 부모가 바라는 것을 살펴 기쁘게 해드린다. 부모를 비롯하여 주위의 웃어른들께 존경심을 갖도록 하며, 바른 인사를 생활화하도록 한다.

○ 부모와 기혼 자녀 간의 에티켓

직계가족의 뿌리를 가진 우리나라의 경우 핵가족 내에서도 전통적인 가족규범이 여전히 존재한다. 그러나 가치관의 차이, 상호 성격상의 부적응, 역할 분담에 대한 상반된 기대 등으로 갈등이 유발되곤 한다. 부모와 기혼 자녀, 며느리, 사위 등이 원만한 관계를 유지하기 위해서는 가족 간 에티켓 실천의 노력이 필요하다.

¤ 부모

가족 내 웃어른으로서, 혼인생활을 먼저 경험한 인생의 선배로서 자녀 부부의 생활이 견고하게 자리 잡을 수 있도록 격려해주도록 한다. 혼인한 자녀는 더 이상 나만의 아들 혹은 딸이 아니라 한 가정의 남편으로서, 아내로서, 부모로서의 새로운 역할이 생겼음을 인정하고 지지해주어야 한다. 자녀가 손자녀 교육에 어떠한 생각을 가지고 있는지를 대화를 통해 충분히 의견을 교류하여 교육의 방향에 있어 일관성을 갖도록 한다.

며느리나 사위에게 강제적인 헌신을 강요하는 것은 곤란하다. 진실한 애정과 배려를 기반으로 보다 자유롭고 적극적인 부모 자녀 관계로 발전될 수 있도록 한다. 자라온 환경이나 세대가 다르므로 며느리나 사위의 가치관을 인정하고 수용하고자 노력하여 한 가족으로서의 응집력을 갖도록 한다. 며느리나 사위가 새롭게 형성된 가족관계 내에서 서로 간의 성격을 파악하고 좋은 감정으로 융화할 수 있도록 도와야 한다. 며느리나 사위를 대함에 있어 칭찬과 함께 따뜻한 관심을 갖고 이끌어주며, 생일이나 임신 등 축하할 일이 생기면 누구보다 먼저 진심으로 기뻐해준다. 며느리나 사위가 여럿일 경우 차별을 두지 않으며 서로를 비교하여 험담을 하지 않도록 한다.

¤ 기혼 자녀

혼인 후에도 하나님을 잘 섬기며, 부모님을 공경하고, 형제 친척들과 화목하게 지내는 것이 부모님을 가장 기쁘게 하는 일이다. 기혼 자녀는 양가 부모님의 뜻을 존중하고 사소한 일로 감정이 상하지 않도록 세심하게 주의를 기울인다. 자기주장만을 강하게 내세우면 가족관계가 어려워지므로 대화를 통해 의견을 나누면서 차이를 좁혀나가도록 한다.

양가 부모님과 자주 대화의 시간을 가져 공감대를 형성하고 가사, 자녀양육, 가계관리 등에 대해 상의를 드리고 조언을 구한다. 양가 부모님의 경험과 지혜를 존중한다. 가족 행사를 치를 경우 상의를 드리고 행사의 절차나 규모, 방법 등을 결정한다. 양가 부모님의 생신이나 가족들의 생일을 잊지 않고 챙기도록 노력한다. 부모님과 동거할 경우 부모님이 하실 수 있는 일을 드려 가족구성원으로서의 참여의식과 책임감을 느낄 수 있도록 한다. 분가하였을 경우 자주 전화를 드리거나 찾아뵈어 안부를 여쭙고 궁금해하시지 않도록 소식을 전한다.

며느리로서, 사위로서 새로운 가족의 가풍을 배우고 익히는 것이 혼인 후 적응에 도움이 된다. 자신이 성장한 가정환경과 다름을 비교하거나 서운해하지 않도록 한다.

(3) 조부모와 손자녀

이는 네 속에 거짓이 없는 믿음이 있음을 생각함이라 이 믿음은 먼저 네 외조모 로이스와 네 어머니 유니게 속에 있더니 네 속에도 있는 줄을 확신하노라(딤후 1:5)

○ 조부모로서의 에티켓

현명하고 존경받는 조부모의 역할을 수행한다. 조부모 자신의 경험적 지식만을 강요하지 말고, 최근의 지식도 긍정적으로 수용하는 배노를 시녀야 한다.

인자하고 친근감을 주는 조부모가 되도록 노력한다. 나쁜 행동에는 시비를 분명히 하여 올바른 길을 가르치고 조언해야 하나 착한 행동에는 칭찬과 격려를 아끼지 않아야 한다.

○ 손자녀로서의 에티켓

조부모님의 경험적 지식을 존중해 드리고 가능하면 원하시는 바를 해드리도록 노력한다. 조부모님이 아끼시는 물건을 소중히 하여 그 물건을 사용할 때는 반드시 여쭙고 쓰도록 한다. 다 사용한 뒤에는 제자리에 가져다 놓도록 한다. 집에 맛있는 음식을 사 오거나 만들었을 때는 조부모님부터 드시도록 한다. 조부모님의 생신을 잊지 않고 정성껏 선물을 마련해 기쁘게 해드린다.

조부모님과 멀리 떨어져 지낼 경우 전화로라도 자주 연락을 드려 안부를 여쭙도록 한다. 가까이 사는 경우라면 시간을 내어 말벗을 해드리도록 한다.

(4) 형제자매

오늘까지 날이 오래도록 너희가 너희 형제를 떠나지 아니하고 오직 너희의 하나님 여호와께서 명령하신 그 책임을 지키도다 (수 22:3)

보라 형제가 연합하여 동거함이 어찌 그리 선하고 아름다운고 (시 133:1)

형제자매 간에는 우애와 질서를 지켜나가야 한다. 손윗사람은 손아랫사람을 사랑으로 대하며 모범을 보이고자 노력한다. 아랫사람은 윗사람을 공경하는 마음으로 대한다.

형제자매가 어려운 일이 생겼을 때는 서로 돕는다. 우애로 보살피고 형제자매의 일을 자신의 일로 생각해 적극적으로 협조한다. 자신의 실수로 잘못한 일에 대해서는 스스로 책임을 지고 형제자매들에게 실수에 대한 책임을 떠넘기기 않도록 한다. 잘못이 있으면 용서하고, 서로의 허물을 감싸주도록 한다. 잘한 일에 대해서는 칭찬과 격려를 하며 서로에게 좋은 점을 배우려는 마음을 갖는다.

형제자매 간에도 의견이 다를 수 있으므로 대화를 통해 서로를 이해하고 타협점을 찾도록 해야 한다. 서로 비방하는 말을 삼가고, 형제자매 간에도 항상 바르고 고운 말을 사용하도록 한다.

혼인으로 맺어진 농서관계도 친형제자매와 같은 마음으로 지내도록 노력한다. 특히 손윗동서는 마음을 넓게 갖고 책임감 있게 집안을 이끌어나가야 할 것이며 손아랫동서는 손윗동서를 신뢰하고 따르며 협력한다.

2) 가정의례 에티켓

사람이 하나님께서 그에게 주신바 그 일평생에 먹고 마시며 해 아래에서 하는 모든 수고 중에서 낙을 보는 것이 선하고 아름다움을 내가 보았나니 그것이 그의 몫이로다 또한 어떤 사람에게든지 하나님이 재물과 부요를 그에게 주사 능히 누리게 하시며

우리나라의 대표적인 가정의례에는 아기가 태어나 백일과 돌을 치르는 유년기의례, 생일의례, 성장하여 사회의 일원으로서 공인을 받게 되는 성년례, 배우자와 더불어 한 가정을 이루게 되는 혼례, 자녀를 낳고 기르면서 인생의 마디에서 지나게 되는 수연례, 노년의 마지막에 이르게 되는 상례, 그리고 자녀들이 돌아가신 부모를 추모하는 의례가 있다. 가정의례는 인간의 삶을 이해한다는 측면에서 크리스천 가정에서도 매우 중요하며, 우리 생활에 차지하는 비중도 사실상 크다.

우리나라의 경우 다른 문화권에서 기독교가 전파되었기 때문에 복음이 전해지면서 문화의 차이에 따른 마찰이 생겨나기도 했다. 그러므로 크리스천의 관점에서 고유의 가정의례에 대해 올바르게 이해함으로써 가족 간에 마음을 상하지 않도록 주의한다.

가정의례는 생명을 주신 하나님께 감사하며 생명의 고귀함을 상기하는 계기가 된다. 개인의 차원을 넘어서 가족이 결속하는 가운데 질서를 확인하게 되며, 하나의 전통을 세워 이어갈 수 있다.

크리스천 가정의례의 실천이 복음 선포의 기회가 되도록 한다. 우리나라 고유의 문화로 전해지고 있는 가정의례의 부정적인 면을 극복하고 긍정적인 면을 수용할 수 있는 시각을 가져야 한다. 우리나라의 미풍양속을 이해하면서 크리스천에게 적합한 가정의례를 실천해야 할 것이다.

바람직한 가정의례를 설계함으로써 크리스천들에게는 신앙 성장의 기회가 되며, 믿지 않는 사람들에게는 전도의 기회가 되기를 바라는 마음을 가져야 한다. 이에 일생의 성장과정을 중심으로 크리스천의 가정의례에 대해 살펴보기로 한다.

(1) 유년기 의례

○ 출생의례

우리 생명의 원천은 하나님이시다. 하나님은 우리에게 그의 은혜의 영광을 찬송하게 하신다(엡 1:6). 창조의 순서를 보면 모든 만물은 창조된 인간을 위해 준비하신 것이다. 모든 것을 준비하신 후에 인간을 창조하시고 그들에게 복을 주셨다. 그러므로 출생을 기념하는 크리스천의 자세는 생명을 주신 하나님께 감사하고, 그의 능력을 찬양하는 것이다.

하나님께 모든 것을 맡기고, 아이를 양육하고 교육하는 일을 위하여 기도하고 은혜를 구해야 한다. 출생을 허락하신 하나님 안에서 기뻐하고 감사하며, 하나님의 뜻대로 자녀를 양육하여 하나님의 영광을 위해 사는 사람으로 성장하도록 하는 의무와 책임을 가져야 한다.

출산한 산모와 아기를 위하여 전화로 안부를 물으며, 축하하고 기도하는 것이 바람직하다. 심방요청이 있는 경우에는 목회자가 인도하여 하나님께 감사의 예배를 드린다. 혹은 가족 가운데 믿음이 있는 웃어른이 가족대표로 예배를 인도할 수도 있다.

산모와 아기의 건강을 고려하는 환경을 조성하여 조용히 예배를 드린다. 새 생명을 출산하게 하신 하나님께 감사하면서 산모의 수고를 격려하고 아기를 믿음 안에서 잘 양육하도록 권면한다.

출산 축하의 선물로 아기용품이나 옷 혹은 산모와 아기의 건강에 도움이 되는 것으로 정성껏 마련한다.

예식사

이제부터 이 가정에 귀한 아기를 주신

하나님께 감사함으로 예배를 드리겠습니다.

찬송

564장(구 299장, 예수께서 오실 때에)

28장(구 28장, 복의 근원 강림하사)

기도

성경 봉독

창세기 17:19, 21:1~6, 누가복음 1:57~58

설교

"기쁨을 주시는 하나님(창세기 17:19, 21:1~6)"

아기는 하나님께서 가정에 주신 가장 큰 기쁨의 선물입니다.

첫째, 아기는 하나님의 약속의 성취입니다.

둘째, 아기는 가정에 기쁨을 줍니다.

셋째, 아기의 출생은 듣는 모든 자에게

기쁨을 나누어 웃게 합니다.

하나님께서 허락하신 기쁨과 사랑을 이웃과 나눌 수 있는

복된 아기로 성장하도록 믿음으로 양육해야 합니다.

기도

찬송

559장(구 305장, 사철에 봄바람 불어 잇고)

축도 혹은 주기도

축하의 시간

(산모의 건강을 기원하며 아기의 앞날을 위해 축복의 말을 나눈다.)

TIP 우리나라 고유의 출생의례

아기가 태어나는 출생은 가족, 친족, 사회로 보면 새로운 구성원이 생겨나는 중대한 사건이다.

과거에는 아기가 태어나면 대문에 남녀의 성별을 알리고 외부 사람들의 접근을 제한하는 금줄을 쳤다. 그리고 가까운 가족 이외의 다른 사람들은 삼칠일(21일)간 출입을 하지 않았다. 이는 산고를 겪은 산모와 아기의 건강에 해가 미치지 않도록 하기 위한 의례적 신호였다. 허약해진 산모와 면역력이 없는 아기를 보호하는 기능을 했던 과학적인 풍습이기도 하다.

쌀밥과 미역국을 끓여 산모로 하여금 먹게 함으로써 아기를 잘 돌보고 건강을 회복하도록 하였다.

○ 백일의례

아기가 건강하게 태어나 100일을 맞이할 수 있게 하신 하나님
께 감사를 드린다. 생명의 주관자는 하나님이심을 믿고 앞으로도
아기의 삶을 하나님께 맡기는 마음가짐으로 임한다.

아기의 백일에 가족이 함께 모여서 축하하며 기쁨과 감사한
마음을 나눌 수 있도록 한다. 오늘날은 가정 이외에 전문 식당,
호텔 등에서 백일잔치를 치르는 경우도 늘고 있다. 백일잔치를
꼭 성대하게 해야 하는 것은 아니므로 축하하는 의미에서 가정
이 형편에 맞는 간소한 잔치를 마련하면 좋을 섯이다.
백일잔치에 초청을 받게 되면 아기의 부모에게 축하의 인사말
과 더불어 아기의 건강과 장래를 축복해준다. 아기의 백일됨과
건강한 성장에 대해 하나님께 감사를 드리고, 가족과 가까운 이
웃 간 친교의 시간을 갖는다.

부모가 마음을 단정히 하고 아기에게 깨끗한 옷을 입힌다. 어
머니가 아기를 앉고 가운데 자리를 하고 아버지는 그 옆에 앉도
록 한다. 다른 가족과 축하객들은 그 주변에 둘러앉는다.

먼저 하나님께 감사예배를 드린다. 목회자를 초청하여 예배를
드리거나 가족대표가 예배를 인도한다. 예배 후 아기를 축복하고

3건강을 기원하며 정성껏 준비한 음식을 나누어 먹으며 기쁨의 교제를 나눈다.

예식사

하나님께서 이 가정에 보내신 귀한 생명인 ○○○의 백일을 맞이하여 먼저 하나님께 감사예배를 드리겠습니다.

찬송

563장(구 411장, 예수 사랑하심을)

564장(구 299장, 예수께서 오실 때에)

기도

성경 봉독

시편 127:1~5

설교

"하나님이 주신 선물"

아기는 하나님께서 인간에게 주시는 가장 귀한 선물입니다.

첫째, 아기는 하나님의 기업입니다.

둘째, 아기는 하나님의 상급입니다.

셋째, 아기는 가정에 허락하신 하나님의 복입니다.

하나님께 영광을 돌리는 아이가 되도록 부모는 하나님의 말씀과 기도로 양육해야 합니다.

기도

찬송

570장(구 453장, 주는 나를 기르시는 목자)

축도 또는 주기도

축하 순서

(예식을 마친 후에 다음과 같은 순서로
축하 순서를 가질 수 있다.)

축복의 말씀

(하객들이 축복의 말을 한마디씩 한다.)

감사의 인사

(아기의 부모가 하객들에게 감사의 인사를 한다.)

식탁

(대표자 혹은 조부모가 기도를 한 후
함께 친교하며 음식을 먹는다.)

TIP 우리나라 고유의 백일의례

백일은 아기가 출생하여 사회적인 관계를 갖는 첫 행사로 출생한 날부터 백 일째 되는 날을 말하며, 백날이라고도 한다. 이날은 아기 중심의 잔치를 베푸는데 이를 백일잔치라고 한다. 출생 후 어려운 시기를 건강하게 넘겼다는 안도감에서 이날까지 잘 자란 아기를 축복해주며 한 인간으로서의 성장과정의 시발점으로 백일을 인식하였다. 이와 같이 백일은 아기가 건강하게 잘 자란 것을 축하하며 앞으로 건강과 행복을 누리도록 기원해주는 부모를 비롯한 주변 어른들의 마음이 담긴 행사라고 볼 수 있다.

백일 옷으로는 남아, 여아 모두 흰색의 바지와 저고리를 지어 입혔다. 겨울에는 솜을 넉넉히 두고, 봄과 가을에는 솜을 얇게 둔다. 여름에는 곱게 다듬은 모시나 고운 무명으로 지어 입혔다. 과거 아기의 백일 옷은 백 줄 누비로 만들거나 백 조각의 헝겊을 이어 정성스럽게 만들기도 했다. 이는 아기의 수명이 길어지라는 어머니의 간절한 소원이 깃들어 있었다.

백일 음식은 백설기, 수수경단, 인절미, 송편 등의 떡을 주로 하였다. 아기의 백일을 축하하는 떡은 푸짐하게 장만해 일가친척, 이웃들과 나누어 먹었다. 백일 떡은 백 집에 나누어 먹어야 아기가 장수하고 복을 받는다고 생각해왔다.

○ 첫돌의례

출생 후 아기가 1년 동안 건강하게 잘 자라게 해주신 하나님의 돌보심에 감사하며 부모는 아기의 첫돌을 준비한다. 첫돌은 가정에 기쁨과 사랑을 주는 아기를 축복하는 것이 가장 중요하다.

크리스천의 가정은 첫돌의례를 행하기 전 하나님께 감사의 시간을 가져야 한다. 하나님께서 아기를 건강하게 자라도록 돌보아 주심에 감사하며 예배를 드린다. 예배는 목회자를 초청하거나 가족대표가 인도한다.

축하객들은 아기를 축복한 후 음식을 나누고 친교의 시간을 갖는다. 아기를 위한 첫돌 선물로 말씀대로 살면서 말씀에 기록된 복을 받아 누리기를 원하는 마음으로 작은 성경이나 찬송가를 주는 것도 바람직하다. 혹은 아기에게 필요한 옷, 장난감, 책 등을 선물할 수도 있다.

오늘날 가정이 아닌 호텔이나 전문 식당에서 첫돌 잔치가 많이 행해지고 있다. 무엇보다 아기의 건강을 잘 살피고 복된 하루가 되도록 의례 준비에 세심한 주의가 요구된다.

TIP 첫돌감사예식

예식사

하나님께서 한 해 전에 이 가정에 허락하신

○○○의 첫돌을 맞이하였습니다.

지난 1년 동안 보살펴주신 하나님의 은혜에 감사한 마음으로 정성껏 예배를 드리겠습니다.

찬송

566장(구 301장, 사랑의 하나님 귀하신 이름은)

감사기도

성경 봉독

누가복음 2:40, 사무엘상 1:20~22

설교

"예수님처럼 자라는 아기(누가복음 2:40)"

예수님의 어릴 때 자라시던 모습처럼

우리 아기도 자라야 합니다.

첫째, 아기는 키가 자라며 건강해야 합니다.

둘째, 아기는 지혜가 충만하도록

지적·정신적으로 성장해야 합니다.

셋째, 아기는 하나님의 은혜가 그 위에 있어

영적으로 강건하게 자라야 합니다.

예수님처럼 아기가 균형 있고 건강하게 자라기 위해서는

요셉과 마리아와 같이 신앙의 본을 보일 수 있는

부모가 되어야 합니다.

기도

찬송

569장(구 442장, 선한 목자 되신 우리 주)

축도 또는 주기도

축하 순서

(예식을 마친 후에 다음과 같은 순서로

축하 순서를 가질 수 있다.)

케이크 촛불 점화와 축하 노래

축복의 말씀

(하객들이 축복의 말을 한마디씩 한다.)

"○○○의 첫돌을 진심으로 축하합니다."

"다윗과 같온 인물이 되기를 바랍니다."

"에스더와 같은 인물이 되기를 바랍니다."

"아기가 가정의 기쁨이요, 귀한 면류관이 되길 바랍니다."

감사의 인사

(부모가 하객들에게 감사의 인사를 한다.)

"축하해주심에 감사를 드립니다."

"앞으로도 기도해주시기를 바랍니다."

"음식을 나누면서 즐거운 시간이 되시기를 바랍니다."

식탁

(대표자 혹은 조부모가 기도를 한 후 함께 친교하며 음식을

먹는다.)

아기가 태어난 지 만 1년이 되는 생일을 첫돌이라고 한다. 원래 돌은 1년의 기간을 단위로 해서 반복되는 경우에 사용하는 말이다. 이날은 아기가 태어나 처음 맞는 생일이므로 잔치를 베풀었다. 성장의 초기 과정을 무사히 넘겼다는 마음에서 아기의 장래를 축복하는 우리 민족의 아름다운 풍속이다.

의학이 발달하지 못하였던 시기에는 아기들의 사망률이 높았으므로 아기가 첫돌을 맞이한다는 것은 성장의 초기 과정에서 어려운 고비를 완전히 넘겼다는 것을 의미하였다.

돌복을 입히고, 돌상을 차려 돌잡이를 하면서 아기의 수명장수와 다복다재를 기원하였다.

돌상은 첫돌이 된 아기를 축하하기 위해 마련하는 떡과 과일이 주가 되는 상차림이다. 지나치게 호사스럽거나 화려한 것이 아닌 정성된 마음으로 정갈하고 조촐하게 준비하였다. 또한 돌잡이 용구(책, 붓, 활, 자, 무명실, 대추, 쌀, 국수 등)를 마련하여 아기가 집는 것을 보고 아기의 장래를 축복하곤 했다.

전통적인 돌복은 남아의 경우 연보라색 풍차바지와 옥색 저고리 위에 남색 조끼, 색동마고자, 오방장두루마기, 남색 전복을 입히고, 가슴에는 돌띠를 매어준다. 머리에는 복건이나 호건을 씌우며, 발에는 타래버선을 신긴다. 여아는 먼저 분홍색 풍차 바지를 입히고, 다홍색이나 꽃분홍색 치마에 색동저고리나 노랑색 저고리를 입힌다. 그 위에 당의를 입히고, 머리에는 굴레나 조바위를 씌우며, 발에는 타래버선을 신겼다. 돌복에 쓰인 색상과 무늬는 아기의 행복과 재능을 기원하는 의미가 담겨 있었다.

(2) 청소년기 의례

○ 생일의례

생일을 기념하는 축하는 여러 나라의 보편적 풍습이며, 성경에도 연령에 대한 기록이 많이 있는 것을 보면 생일은 중요한 의의가 있었다는 점을 알 수 있다.

크리스천은 생일을 맞이하면 생명을 주시고 마음을 살펴주시고 건강을 지켜주신 하나님께 감사의 예배를 드린 후 가족, 친척, 친구들과 함께 기쁨을 나누는 것이 바람직하다.

청소년의 경우 생일에 가족들이 모이기 편한 시간을 택하여 집안의 어른이 함께 성경 말씀을 읽고 찬송을 부른 후 감사의 기도를 드리는 예배의 자리를 마련할 수 있다.

생일예배를 드릴 때는 하나님께서 생일을 맞이할 수 있도록 도와주심에 감사하는 마음으로 임한다. 생일인 청소년은 단정하고 깨끗한 옷을 입는다. 감사의 예배를 드린 후 생일을 맞은 청소년을 향해 축하의 말을 해준다. 가까운 친구들을 초대하여 기쁨을 같이 나누어도 좋다.

부모는 청소년 자녀를 위한 생일 음식이나 선물 마련에 지나친 과소비를 하지 않도록 해야 한다. 오히려 부모와 청소년이 하나님께 대한 감사의 마음을 생일 감사헌금으로 드린다면 더욱 뜻깊은 생일이 될 것이다.

TIP 생일감사예식

예식사

이제부터 하나님께서 이 가정으로 보내주신
○○○의 생일을 맞이하여 하나님께 예배를 드리겠습니다.

찬송

565장(구 300장, 예수께로 가면)

28장(구 28장, 복의 근원 강림하사)

기도

성경 봉독

신명기 6:4~9, 시편 1:1~6, 누가복음 2:52

설교

"복 있는 사람은(시편 1:1~6)"

하나님께서는 인간을 창조하시고 가장 먼저 복을 주셨습니다.

하나님께서는 ○○○에게도 복 주시기를 원하십니다.

복 있는 사람은

섯째, 악인의 꾀를 따르지 이니합니디.

둘째, 하나님의 말씀을 즐거워하여 주야로 묵상합니다.

셋째, 시냇가에 심은 나무와 같이 철을 따라 열매를 맺게 됩니다.

의인의 길은 여호와께서 인정하시고 복 있는 삶을 살게 됩니다.

기도

찬송

570장(구 453, 주는 나를 기르시는 목자)

568장(어린이 찬송, 하나님은 나의 목자시니)

축도 또는 주기도

축하 순서

(예식을 마친 후에 다음과 같은 순서로 생일 축하 순서를
가질 수 있다.)

케이크 촛불 점화와 축하 노래

축복의 말씀

(부모님과 어른들이 축복의 말을 한마디씩 한다.)

감사의 인사

(청소년 자녀가 부모님과 어른들께 감사의 인사를 한다.)

식탁

(기도한 후 함께 친교하며 음식을 먹는다.)

TIP 우리나라 고유의 생일의례

우리나라에서는 해마다 돌아오는 생일을 잊지 않고 아침에는 미역국을 끓여 먹으면서 생일을 축하해왔다. 생일은 첫돌이나 회갑처럼 큰 잔치를 베풀지는 않고 자축하는 정도로 평상시보다 음식을 조금 더 준비하거나 떡이나 과일 등을 먹으며 기념하였다. 오늘날 청소년들은 가정에서 음식을 마련하거나 외부 음식점으로 친구들을 초대하여 음식을 먹으며 즐기고, 생일을 맞은 친구에게 선물로 축하해주는 것이 일반화되어 가고 있다. 저녁에는 가족들이 함께 외식을 하면서 마음이 담긴 선물을 줌으로써 우리의 생일 문화도 많이 달라지고 있다.

○ 성년례

청소년에서 성년으로 변화되는 전환점인 성년예식을 통해 진학과 진로문제로 힘들어하는 학생들에게 격려와 희망을 줄 필요가 있다.

크리스천의 성년예식은 하나님과 많은 증인 앞에서 서약하고 다짐하는 시간을 가짐으로써 책임감 있게 사고하고 행동할 수 있는 사람이 되도록 노력하는 계기가 되어야 한다. 이는 가족, 친구, 선후배와 교인들로부터 받은 축복과 사랑을 기억할 수 있는 신앙적 성숙의 경험을 만들어주는 데도 의의가 있다.

만 19세에 성년식을 거행하는 사회의 관례와는 달리 교회에서의 성년예식은 고등부에서 청년부로 올라가는 고등학교 3학년들의 겨울방학 시기에 교회에서 거행하는 것을 제안하고자 한다. 고등부 과정에 일정기간 동안 준비교육을 시킨 후 교회의 고등부 졸업식에 청년부 선배들이 함께 참석하는 가운데 성년예식을 거행하여 자연스럽게 청년부에 진학할 수 있도록 이끌어 주도록 한다.

성년예식의 순서 가운데 청년부와 연결해주는 시간을 마련하여 격려하고 환영해주도록 한다. 그 후 세심한 배려, 격려와 기도로 신앙을 지도해준다면 청소년들이 신앙적인 바른 가치관을 갖게 되어 대학 진학과 사회 진출의 변화에 보다 잘 적응할 수 있을 것이다.

지금까지 교회는 청소년들이 성숙한 신앙으로 자라도록 격려하는 일에 다소 관심이 부족하였다. 청소년 시기에 위기를 극복하는 과정을 중요하게 생각하지 않고 형식적으로 교회를 다니거나 무방비 상태에서 교회 밖으로 떠나가는 것을 안타깝게 보고만 있지는 않았는지 되돌아보아야 한다. 이제 교회는 세심하게 배려함으로써 계획을 세워 청소년의 신앙 성장에 도움을 주어야 한다.

정신적·육체적으로 건강하게 성년을 맞게 해주신 하나님께 감사의 예배를 드리는 성년예식을 통하여 하나님과 동행하며 성숙한 크리스천으로 살아갈 것을 결단하는 자리를 마련해야 할 것이다.

청소년 자녀와 그 부모는 신앙으로 마음의 결단을 새롭게 한다. 생명을 허락하셔서서 성장하게 하셨으니 예수 그리스도의 장성한 분량에 이르도록 신앙의 성장도 다짐한다. 특히 자녀는 독립된 성인으로 출발할 각오를 하고, 이제부터 삶을 주께 맡기면서 소망의 삶을 설계하여 예수 그리스도를 본받아 하나님의 자녀로서의 합당한 삶을 살아가도록 한다.

예식사

하나님께서 ○○○의 삶을 인도해주시고

성인이 될 수 있게 하신 것을 감사하며 성년예식을

시작하겠습니다.

찬송

575장(구 302장, 주님께 귀한 것 드려)

574장(구 303장, 가슴마다 파도친다)

기도

성경 봉독

전도서 12:1~2, 13, 에베소서 4:13~16,

베드로후서 1:4~11

설교

"그리스도에게까지 성장하라(에베소서 4:13~16)"

하나님께서 자라게 하셔서 성인 되게 하셨습니다.

그리스도의 장성한 분량이 충만한 데 이르기 위하여

첫째, 그리스도를 믿는 믿음 안에서 성장해야 합니다.

둘째, 그리스도를 날마다 알아감으로써 성숙해져야 합니다.

셋째, 사랑 안에서 참된 생활을 함으로써 자라야 합니다.

온전한 사람이 되어 그리스도의 몸인 교회를 세우고,

하나님의 영광을 위하여 살도록 성장해야 합니다.

기도

성년문답

인도자: "청년이 무엇으로 그의 행실을 깨끗하게 할 수 있습니까?(시편 119:9)"

성인들: "주의 말씀을 따라 사는 것입니다(시편 119:9)."

인도자: "영적으로 성장한 사람의 특징은 무엇입니까?"

성인들: "믿음의 주요, 또 온전하게 하시는 이인 예수 그리스도를 바라보는 생활입니다(히브리서 12:2)."

인도자: "여러분은 앞으로 어떻게 성인 된 삶을 살려 하십니까?"

성인들: "지각을 사용하여 선악을 분별하고(히브리서 5:14), 믿음으로 행하여 신앙적으로나 육체적으로 성인답게 살려고 합니다."

성년선언

"오늘 ○○○를 하나님과 교회 앞에 성년이 되었음을 선포합니다."

찬송

455장(구 507장, 주님의 마음을 본받는 자)

축도 또는 주기도

축하 순서

(예식을 마친 후에 다음과 같은 순서로 축하 순서를 가질 수 있다.)

촛불 점화와 축하 노래

축복의 말씀

(하객들이 축복의 말을 한마디씩 한다.)

감사의 인사

(성년이 된 청년들이 부모와 어른들께 감사의 인사를 한다.)

식탁

TIP 우리나라 고유의 성년례인 관례와 계례

전통사회에서는 남자의 경우 머리에 쓰는 관(冠)과 옷을 세 차례 갈아입는 관례를 거쳐 성인의 길로 들어섰다. 여자는 계례라고 하여 머리에 쪽을 지고 비녀를 꽂아 성인이 되는 상징적 의식을 행하였다.

관례와 계례를 행한 후에는 가족과 사회로부터 인정을 받고 성인으로서 의사결정에 참여할 수 있는 자격을 얻게 되었다.

오늘날에도 성년예식은 앞으로 성인으로서의 권리와 사회인으로서 책임이 따른다는 것을 상징적으로 인식시키는 계기가 되고 있다.

(3) 청년기 의례

○ 혼례

하나님께서 세상을 창조하실 때 모든 만물을 창조하시고 마지막에 사람을 창조하시되 남자와 여자를 창조하셨다(창 1:24~27). 남자와 여자는 하나님의 뜻에 의해 하나님의 형상으로 동등하게 지음을 받았다. 그리고 한 남자와 한 여자가 결합하여 가정을 이루는 것이 창조주 하나님의 계획이다(창 2:24).

혼인은 하나님의 창조 질서 안에서 이루어지는 것이므로 남자나 여자가 서로를 돕는 배필(창 2:18)이 되어 하나님께 영광을 드려야 한다. 이와 같이 기독교의 혼인은 하나님이 제정하시고 예수 그리스도에 의해 그의 영광을 나타낸 제도이다(요 2:1~11).

하나님께서는 인간에게 더 큰 행복과 평안을 주시길 원하신다. 혼인의 목적은 첫째, 하나님께서 만드신 최초의 공동체인 가정을 통하여 부부가 함께 하나님 나라를 확장해 나가는 것이다. 둘째, 남편과 아내가 결합하여 행복과 기쁨을 가지게 하려는 것이다. 즉, 서로 사랑하고 존경하며 협력하여 성공적으로 살기 위함이다. 혼인을 통해 가정을 이루어 기쁨과 행복을 누리고, 이웃과 사회에 유익을 주게 된다. 하나님의 창조질서에 순응하는 가정은 하나님의 최고의 선물이다. 인간의 행복을 위해 베푸신 하나님의 선물 중 하나인 가정을 소중히 여기며 잘 가꾸어가야 한다.

혼인은 가정의례 가운데서도 인륜지대사(人倫之大事)라고 하여 가장 중요한 의례로 여겨져 왔다. 우리나라의 혼인의례에는 혼인을 치르는 양가 간에 공경과 정성된 마음의 자세를 지금도 중요시하고 있다. 자칫 허례허식으로만 치우치기 쉬운 현 사회에서 가정의 화평과 사회의 질서를 유지하는 일에 교회가 앞장서야 할 것이다.

혼인을 위한 준비 단계부터 두 사람은 남편과 아내로서의 에티켓을 인식하고 함께 노력해나가는 마음의 자세가 필요하다. 믿음이라는 울타리를 치고, 애정이라는 보금자리를 짓는 데는 두 사람 간에 에티켓이라는 기둥이 굳건한 버팀목이 되어야 한다.

혼인예식은 하나님과 사람들 앞에서 행하는 의례이므로 다음과 같은 결정이 두 사람을 기다리게 된다.

¤ 일시 결정
양가의 사정을 고려하고 축하객들이 오기 좋은 날짜와 시간을 감안한다. 교회의 교회의 목회자와도 미리 의논하는 것이 좋다.

주일이나 사순절 기간은 피하도록 한다.

¤ 장소 결정

교회에서 혼인예식을 치르는 것이 바람직하다. 크리스천이 아닌
경우 혼인 전 세례를 받게 한 후 교회에서 혼인예식을 허락한다.

¤ 주례자 결정

예비 신랑과 신부가 상의하여 목회자에게 주례를 부탁드린다.
목회자에게 혼인의 신앙적 의미와 가족관계 및 혼인예식의 순서
에 관하여 지도를 받아 예식을 잘 준비하도록 한다.

TIP 혼인감사예식

전주

신랑과 신부 입장

예식사

찬송

605장(구 287장, 오늘 모여 찬송함은)

기도

성경 봉독

에베소서 5:22~25, 고린도전서 13:4~8

주례사

서약

(주례목사를 따라 신랑, 신부 순으로 서약한다.)

성혼기도

(신랑·신부가 성경에 손을 얹게 한 후 주례자의 손을 얹고

장래를 축복한다.)

성혼선언

축가 또는 축하 연주

찬송

604장(구 288장, 완전한 사랑)

축도

신랑·신부의 인사

새 출발

⋯ TIP 우리나라 고유의 혼인의례 ⋯⋯⋯⋯⋯⋯⋯⋯⋯⋯⋯⋯⋯⋯⋯⋯⋯⋯⋯⋯

우리나라 고유의 혼인의례에는 삼서정신(三誓精神)이 담겨 있었다. 이는 세 번의 맹세를 의미하는 것으로 첫째, 혼인식 전 부모에게 둘째, 하늘과 땅에, 그리고 셋째, 배우자 서로에게 혼인의 도리를 다할 것을 서약하는 혼인의 정신이다. 우리나라 고유의 혼인의례에는 삼서정신(三誓精神)이 담겨

있었다. 이는 세 번의 맹세를 의미하는 것으로 첫째, 혼인식 전 부모에게 둘째, 하늘과 땅에, 그리고 셋째, 배우자 서로에게 혼인의 도리를 다할 것을 서약하는 혼인의 정신이다.

이 같은 아름다운 전통과 그 정신을 생각하면 오늘을 사는 우리에게 주는 교훈이 크다. 그 교훈을 되살려 하나님 앞에, 부모님께, 부부가 되는 두 사람 간에 혼인의 도리를 지켜나갈 것을 약속하고 실천해나간다면 이 땅에 민족적 전통이 교회의 혼인예식과 더불어 더욱 아름답게 지속될 것이다.

○ 폐백의례

혼인예식이 끝나면 폐백의례가 이어 행해지고 있다. 폐백예식은 본래 현구고례(見舅姑禮)라는 절차에서 비롯되었다. 이는 신부가 새로운 가족원으로서 시부모님과 시댁의 어른들을 뵙고 예를 올리는 절차를 의미하였다.

현구고례에서 '구(舅)'는 시아버지, '고(姑)'는 시어머니를 뜻하는 글자이다. 이로 인해 과거에는 신랑은 폐백의례를 행하지 않고 아버지 옆에 자리하여 서 있었다. 오늘날에는 시댁의 어른들께는 신부만 예를 행하고, 장인과 장모님을 모신 자리에서는 신랑과 신부가 함께 절을 행하고 있다.

원래 폐백은 어른들께 드리는 선물의 의미이다. 음식으로는 대추 폐백과 고기 폐백을 마련한다. 대추는 사계절 모두 동일하게 준비하고, 고기는 계절에 따라 육포 혹은 편포를 마련한다. 크리스천 가정에서는 폐백의례에 술을 쓰지 않는다. 대신 교회 내에서는 차를 우려서 쓰는 것도 좋다.

신부가 시댁의 가족들을 뵙고 인사의 예를 드리는 순서는 신랑의 부모님, 조부모님, 백부님 내외, 숙부님 내외, 고모님 내외, 신랑의 형제 항렬의 순이다. 폐백의례를 행할 때 웃어른들께는 큰절 두 번을 하고, 같은 항렬의 사람들과는 서로 맞절 한 번을 하면 된다. 폐백의례를 행하는 자리에서 신부에게 성경 말씀이나 덕담을 주시는 것이 바람직하다. 폐백의례에서 절값이라고 돈을 건네기보다는 신혼여행 경비를 쓰라고 주시는 것이라면 여행을 떠나기 전 어른들이 전해주시면 된다.

크리스천들이 행할 수 있는 폐백의례를 차를 활용하여 제안해보고자 한다. 차를 쓰는 의미는 사시사철 푸른 찻잎처럼 가족들과 더불어 행복한 가정을 만들어가기 위해 변함없는 자세로 생활을 하겠다는 신부의 마음이 담겨 있는 것이다.

폐백의례의 준비

찻상 1개, 찻잔 4개, 찻잔받침 4개, 다식 접시 2개,

작은 다반 2개, 다관 1개, 차호 1개, 숙우 1개,

퇴수기 1개, 차 숟가락 1개, 다건 1개

신부가 마련한 폐백, 차와 다식

① 수모 1과 수모 2는 신부가 폐백의례를 드릴 장소를 정돈하고 제반 사항들을 준비해둔다.

② 시부모님이 자리를 하시면 신랑과 신부는 함께 들어간다.

③ 수모 1, 2가 신부의 옆에서 돕는 가운데 신부는 시부모님께 큰절 두 번을 하고 자리에 앉는다.

④ 수모 2가 신부가 마련해온 차 두 잔을 우려 찻잔에 담아 다식과 함께 작은 다반에 놓는다. 수모 1은 다반을 들어 신부의 손 앞을 거쳐 각각 시아버님과 시어머님께 가져다드린다. 수모 2는 신부의 손 앞을 거쳐 시아버님 앞에 대추

폐백을, 시어머님 앞에 육포 폐백을 가져다놓는다.

⑤ 차를 드신 시아버님께서는 며느리를 가족으로 맞이하여 가정생활에 관련된 성경 말씀을 주신다(잠언 31:27~31). 시어머님도 신부에게 축복의 말을 전한다.

⑥ 말씀을 받은 신부는 다시 일어나 큰절 두 번을 하고 자리에 앉는다. 신부 옆에 신랑이 와서 앉는다. 시아버님은 두 사람을 축복하는 기도를 하신다.

⑦ 시부모님이 자리에서 일어나시면 수모 2는 상 위를 정돈하고 모든 물건을 내려 다른 곳으로 치운다.

⑧ 시조부모님께서 자리에 앉으시면 신부는 큰절을 두 번 한다. 수모 2가 차 두 잔을 우려 다식과 함께 다반에 놓는다. 수모 1이 신부의 손 앞을 거쳐 시조부모님께 가져다 드린다. 시조부모님께서 축복의 말씀을 해주시면 신부가 다시 큰절을 두 번 행한다. 시조부모님이 자리에서 일어나시면 수모 2는 상위를 정돈하고 모든 물건을 내려 다른 곳으로 치운다.

⑨ 백부님 내외, 숙부님 내외, 고모님 내외께서 모두 자리에 앉으시면 폐백은 올리지 않고 신부가 큰절 두 번으로 인사를 드린다. 친척들께서도 행복한 생활을 축복하는 말씀을 해주신다.

⑩ 신랑의 형제 항렬 사람들은 신부와 서로 맞절 한 번으로 상견례를 행한다.

⑪ 시어머님은 장인과 장모님이 자리에 앉으시도록 권유를
한다. 이때는 신랑과 신부가 함께 신부의 부모님께 큰절
두 번을 한다. 신랑과 신부가 자리에 앉으면 신부의 부모
님께서도 두 사람을 축복하는 말씀을 해주신다. 과거에
도 사위가 장인과 장모님을 찾아뵙고 예를 행하는 서현
부지부모례(壻見婦之父母禮)가 있었다.

(4) 장년기 의례

○ 수연례

아랫사람이 태어난 날은 생일(生日)이라 하고 웃어른의 생일은
생신(生辰)이라고 한다. 웃어른의 생신에 자제들이 부모의 장수를
기뻐하고 그를 기원하는 마음에서 마련하는 생신잔치를 수연(壽宴)
이라고 한다. 수연례는 어른들의 생신에 더욱 오래 사시기를 기원
하고, 여러 가지 음식을 마련하여 손님들을 모시고 함께 기쁨을
나누는 의식이다.

크리스천의 수연례는 수연 당사자로 보면 인생의 한 시점에서
이제까지 생명을 주시고 지켜주신 하나님의 은혜에 감사하는 시
간을 갖는 데 그 의의가 있다. 또한 부모의 수연을 맞이하여 자

녀들 모두가 화합하여 정성으로 자리를 마련함으로써 부모의 마음을 기쁘게 해드리는 효를 행하는 것이 수연례의 참된 의의라고 할 수 있다. 신학자 칼 바르트는 "보이지 않는 신은 보이는 부모로 네 곁에 계신다"고 하였다. 부모를 사랑하는 자가 곧 하나님을 사랑하며 하나님의 사랑을 받을 수 있다.

수연을 맞이한 사람은 그동안 자신이 주의 말씀을 지키며 자녀들을 주의 교양과 훈계로 길렀는지를 돌이켜보고, 자녀들은 이 시간을 통하여 하나님의 사랑과 생명의 주관자가 누구인지를 생각하면서 교훈을 삼는 좋은 기회가 되도록 해야 한다. 또한 자녀들은 자신이 지금까지 부모의 마음을 헤아리고 살았는가를 생각해 보고 부모에 대한 자신의 행동을 반성하고 더 좋은 효가 무엇인지를 발견해야 한다. 이와 더불어 수연례를 통해 하나님께서 우리에게 향하신 뜻을 배우는 현명하고 지혜로운 크리스천이 되어 믿지 않는 사람들에게 본을 보여 따라오게 하는 기회가 되도록 힘써야 한다.

부모의 수연을 계획하는 중에도 기도로 몸과 마음을 준비한다. 자녀들은 부모의 은혜에 감사하며 장수를 기원하는 뜻에서 음식을 마련하여 수연잔치를 하고, 새 옷을 장만해 드리게 된다. 부모님의 옷은 좋아하시는 것으로 선택하시도록 하는 것이 바람직하다. 수연의 상차림이나 의식절차는 지방이나 가풍에 따라 다소 차이가 있으므로 가정의 형편에 맞게 계획한다. 상황에 따라 가정에서 차릴 수도 있고 외부 음식점에서 예약하여 준비할 수도 있다. 수연에 초대하는 청첩은 대체로 자녀들이 하게 된다. 초대장을 보낼 때는 늦어도 1주일 전에 도착하도록 하며, 초대장을 보냈더라도 전화로 참석 여부를 확인하는 것이 좋다.

수연잔치를 행하기 전 예배를 먼저 드리도록 한다. 목회자를 초청하여 감사예배를 드리거나 자녀 중 한 사람이 예배를 인도한다. 식탁 가운데 좌석에 부모님이 앉으시도록 하고 그 좌우에 집안 어른들의 자리를 정한다. 조부모님이 살아 계신다면 한가운데 모시고 부모님이 그 좌우에 앉으셔도 좋다. 수연에 오신 축하객들 중 연세가 많은 분들을 부모님과 가까이 앉으시도록 하면 좋을 것이다.

TIP 수연감사예식

예식사

○○○님을 이 땅에 보내시고 ○○년 동안 인도해주신
하나님의 은혜에 감사하며 예배를 드리겠습니다.

찬송

301장(구 460장, 지금까지 지내온 것)

기도

성경 봉독

시편 112:1~6

설교

"의인의 삶"

여호와를 경외하며 계명을 즐거워하는 자는

복된 삶을 살게 됩니다.

첫째, 후손이 땅에서 강성한 복을 받게 됩니다.

둘째, 이 세상에서 형통하고 특히 영혼의 복을 받게 됩니다.

셋째, 은혜를 베풀고 나누는 삶으로 인해 더욱 잘 됩니다.

이러한 일을 계속함으로 의인으로 영원히 기억될 것입니다.

기도

찬송
384장(구 434장, 나의 갈 길 다 가도록)
축도 또는 마침 기도

인사 및 광고
축하 순서
(예식을 마친 후에 다음과 같은 순서로 수연 축하 순서를

가질 수 있다.)

촛불 점화와 축하 노래
축가 또는 축하 연주
축사
답사
기념촬영
식탁

장수를 축하하는 잔치를 수연(壽宴)이라 한다. 수연에는 우리나라 나이로 60세의 육순(六旬), 61세의 회갑(回甲), 62세의 진갑(進甲), 70세의 칠순(七旬), 80세의 팔순(八旬), 90세의 구순(九旬) 등에 장수를 축하하는 잔치가 있다. 장수를 축하하는 잔치는 자손들이 마련하는데 수연 당사자의 친구나 친분이 있는 분들을 함께 초대해서 마음을 기쁘고 즐겁게 해드렸으며, 큰상의 음식을 마련하여 기념하는 잔치를 베풀었다.

우리나라 고유의 수연에서는 부모님께 큰절을 하였다. 큰절은 수연 당사자의 자녀(아들 내외, 딸 내외), 손자녀, 조카 등의 순으로 행한다.

○ 상장의례

상장의례는 상례와 장례를 함께 부르는 말이다. 이를 구분하면 상례(喪禮)는 사람이 죽음에 이르는 순간부터 그 죽음을 슬퍼하여 자손들이 상복(喪服)을 입고, 시신을 매장 혹은 화장하고 일정한 순서에 의거하여 상(喪)을 마치는 제반 의식절차를 의미한다. 장례(葬禮)는 상례의 일부 절차로 시신에 수의를 입히고 매장 혹은 화장에 이르는 과정의 의례이다.

크리스천의 죽음은 생명의 마지막이 아니다. 죽은 자의 부활과 믿는 자들의 부활이 있다. 크리스천의 구원의 희망은 부활하신 예수 그리스도에게 근거한다(고전 15:17). 예수 그리스도의 부활 사건은 크리스천들의 영원한 소망이요, 영원한 생명에의 보증이다. 주 안에서 죽는 자들은 복이 있으며(계 14:13), 죽음은 종말이 아니라 영원한 생명의 시작이다. 그러므로 크리스천의 장례에서는 '영원히 보지 못한다'는 의미의 영결식이라는 용어는 사용하지 않는다. 장례는 3일장을 원칙으로 하고, 장례일이 주일이 되지 않도록 한다.

오늘날과 같이 대부분 병원에서 이루어지는 임종의 순간에도 가족들이 모여 지켜보는 가운데 마지막을 함께하는 것이 좋다. 고인의 임종을 소속 교회의 목회자가 함께 지켜보게 되는 경우 임종예배를 인도하여 부활의 신앙과 내세관을 통해 죽음을 긍정적으로 받아들이게 하고, 죽음에 대한 공포를 극복하게 한다. 임종 전 본인이 애창하던 찬송이나 성구를 봉독하는 것이 좋다. 마지막 순간을 회개와 기도로써 보냄이 바람직하며, 그 영혼을 하나님 품에 위탁하도록 도와야 한다.

오늘날 장례식은 병원 내 장례식장이나 전문장례식장에서 이루어지게 된다. 고인의 임종 후 연락을 받은 목회자는 교회 내 상례위원회, 교구장, 구역장에게 알린다. 장례식장을 확인해 교회 이름으로 화환을 보낸다. 목회자와 교인들은 장례식장 내에 마련된 빈소를 방문하여 조문을 하고 위로예배를 드린다.

교회 내 목회자나 장례 담당자는 가족들과 입관예식, 장례예식, 하관예식 등의 절차를 협의한다. 가족들은 장례의 방안(매장 혹은 화장 여부), 매장 시 장지의 위치 혹은 화장 시 납골의 방법과 위치, 발인 일시, 장례용품(수의, 관 등) 선정, 조문객의 접대방법 등에 대해서도 신중히 상의하여 결정한다.

빈소에는 고인의 영정을 마련하여 놓는다. 또한 상주, 집례자, 호상을 선정한다. 상주 또는 주상은 상제를 대표하는 사람을 지칭하며 대개 맏아들이 맡게 된다. 집례는 대개 고인이 섬긴 교회의 목회자가 맡는다. 호상은 친척이나 교인 중에서 선정하며, 집례자의 지시에 따라 상사 일체를 돕는다. 호상은 발인일시와 장지가 결정되면 부고를 알려야 한다.

장례식의 마지막 날 이루어지는 발인예배에서는 순서를 맡은 사람들을 미리 정해서 알리고, 순서지를 문상객들에게 나누어 드린다. 예배는 정중하고 엄숙해야 한다. 운구위원은 가급적 교인으로 하고 운구행렬은 영정사진, 집례자, 영구, 상제, 친족, 문상

객 순으로 한다. 운상 시에도 찬송을 부르며 행진한다.

장례 후 유족들이 고인의 묘를 처음으로 찾아가는 일을 첫 성묘라고 한다. 일반적으로 장사한 지 사흘째 되는 날을 택하나 주일을 피해 유족들이 가능한 날을 택하기도 한다. 고인의 묘와 그 주변을 정돈하고 하나님께 예배를 드린다. 크리스천의 장례는 첫 성묘로 마친다.

··· TIP 장례예식 ···

예식사

지금부터 고 ○○○ 씨(성도 혹은 직분명)의 장례식을
거행하겠습니다.
정중한 조의와 엄숙한 마음으로 식에 참여해주시기
바랍니다.

기원

요한복음 11: 25~26

찬송

491장(구 543장, 저 높은 곳을 향하여)

기도

성경 봉독

요한복음 14:1~6, 데살로니가전서 4:13~17,
요한계시록 21:1~4

설교

기도

약력보고

(고인의 신앙생활과 교회에서의 섬김에 대해 소개한다.)

조사

(고인에 대한 의미 있는 기억들을 이야기한다.)

찬송

235장(구 222장, 보아라 즐거운 우리 집)

축도

인사

(호상 또는 유가족 대표가 나와서 감사 인사를 한다.)

TIP 문상의 예절

문상(問喪)은 조상과 조문을 합한 말이다. 고인의 죽음을 슬퍼하며 예를 행하는 것을 조상(弔喪), 상주를 위로하고 위문하는 것을 조문(弔問)이라고 한다.

① 문상하는 복장
문상 갈 때의 복장으로 오늘날에는 검정색을 비롯한 단색의

수수한 정장이 선호되고 있다. 남자의 경우 검정색 양복을 선택한다. 셔츠는 흰색으로 하고 타이, 양말과 구두는 검정색이나 단색으로 통일한다. 여성의 경우에도 검정색이나 단색의 양장을 하는 것이 무난하다. 짙은 색채 화장이나 향수는 삼가는 것이 바람직하다.

② 문상하는 시간

과거에는 고인을 입관한 후 자손들이 성복하는 것을 기다려 문상하는 것이 관례였으나 오늘날은 3일장을 치르게 되면서 3일째 되는 날 발인을 하게 되면 문상할 수 있는 시간은 고인이 임종한 당일과 그다음 날 이틀뿐이다. 따라서 부고를 듣고 자신의 상황을 고려하여 서두르지 않으면 때를 놓치게 되어 결례를 범할 수 있다. 사정상 상가에 직접 가지 못한다면 조전(弔電)이나 조문카드 등으로 인사할 수도 있다. 후일에 상주를 만나면 그 자리에서 정중하게 위로의 인사를 한다.

③ 부의

부의는 오래전부터 전해 내려오는 상부상조의 방식이다. 성의로 마련한 부의금을 단자에 넣어 싼 뒤 봉투에 넣는다. 봉투의 앞면에는 '부의(賻儀)', '근조(謹弔)' 또는 '삼가 조의를 표합니다'라는 문구를 쓰고, 봉투의 뒷면에는 드리는 사람의 소속과 성명을 쓴다.

④ 문상하는 절차

장례식장에 도착하면 외투를 문 밖에서 벗고 들어간다. 빈소에 들어가서 상주에게 정중히 목례를 한다. 헌화를 해야 하는 곳에서는 꽃봉오리가 자신을 향하게 하고, 줄기가 영전 쪽을 향하도록 하여 헌화대에 두 손으로 올린다. 그리고 영전을 향해 조용히 기도한다. 다음으로 상주를 향해 경례나 악수로 위로의 인사를 나눈다. 인사말로는 "당하신 슬픔에 뭐라 위로의 말씀을 드릴 수 없습니다", "하나님의 위로가 함께하시기를 바랍니다"라고 한다. 상주와의 인사가 끝나면 물러 나와 호상소에 준비해간 부의를 낸다. 평소 상주와 가까운 교인들은 장례식장에서 친지와 같은 마음으로 문상객을 대접하는 일이나 전송하는 일을 돕는 것도 좋다.

⑤ 문상 시 삼갈 점

심신이 지쳐 있는 유가족들에게 문상객이 계속 말을 시키는 것은 정신적 피로감을 주는 일이므로 삼간다. 장례식장에서 반가운 친구나 교인을 만나더라도 큰 소리로 이름을 부르지 말고 낮은 목소리로 조용히 인사를 나눈다.

○ 추모의례

그리스천들은 이 땅에서 한정된 삶을 살고 있지만 언제나 예
수 그리스도의 부활의 능력과 천국의 소망을 품고 살아간다. 유
대인들은 조상과 그 전통을 중요시하고, 그 교훈을 목숨을 걸고
지켜 그를 후손들에게 물려주었고, 이것이 성경을 기록하는 데
중요한 자료가 되었다.

기독교에서는 고인을 기리고 애도하는 의례를 추모예식이라
고 한다. 추모의례는 고인이 섬겼던 하나님을 마음과 정성을 다
하여 섬기기로 다짐하며, 고인의 뜻과 발자취를 기억하여 감사하
는 기회로 삼는 것이다.

추모의례를 통해 고인이 믿음으로 살아온 삶의 발자취를 돌이
켜보고, 고인이 남긴 뜻을 기억함으로 하나님의 영광을 위해 살

겠다는 새로운 결심을 갖도록 해야 한다. 유가족들은 추모예식을 통해 하나님을 더욱 잘 섬기겠다는 다짐과 함께 서로를 더욱 이해하고 존중하는 화목한 가족관계를 이루도록 노력한다.

추모의례는 고인이 돌아가신 날인 기일(忌日)에 행하는 것이 바람직하고, 시간과 장소는 가족의 합의하에 결정하는 것이 좋다. 추모일이 주일과 겹치면 전날이나 다음 날 행하기도 한다. 추모의 대상은 직계에 한하며, 추모예식은 고인을 기억하는 자녀의 생존 시까지 하는 것이 좋다.

추모예식 전날 집안을 깨끗하게 청소하여 정성스럽게 예배를 드리는 모습을 자손들에게 보여주도록 한다. 당일에 고인의 사진과 약력, 쓰시던 성경, 생전에 녹음해 놓은 육성이나 모습을 녹화해둔 것이 있으면 준비한다. 사진을 보면서 살았을 때의 모습을 생각할 수 있으며 고인의 얼굴을 보지 못한 자손들에게도 보여줄 수 있다. 사진과 함께 간소한 꽃으로 장식할 수 있다. 고인을 위한 상차림을 해서는 안 된다. 그러나 추모예식 후 애찬의 식탁에 둘러 앉아 참석자들이 친교의 시간을 갖도록 한다.

크리스천의 가정에서는 고인의 기일에 가족과 친지, 교인들이 가정에 모여 추모의 시간을 갖는 가운데 먼저 예배를 드린다. 목회

자가 참석하지 못한 경우 가족 중 한 사람이 가족대표로 예배를 인
도한다.

예식사

지금부터 고 ○○○ 씨(성도 혹은 직분명)의 추모예식을
시작하겠습니다.

기원

찬송

606장(구 291장, 해보다 더 밝은 저 천국)

기도

성경 봉독

고린도전서 15:50~58, 열왕기상 2:1~4

설교

"승리하는 인생(고린도전서 15:50~58)"

예수 그리스도는 우리에게 영원한 승리를 주십니다.

첫째, 성도의 죽음은 마지막이 아니고, 영생의 시작입니다.

둘째, 믿는 자는 사망을 이기고 승리합니다.

셋째, 예수를 믿는 자들은 부활함으로써 승리하게 됩니다.

고인에게 예수 그리스도 안에서 승리를 주신

하나님께 감사해야 합니다.

우리도 더욱 견실하며 흔들리지 말고

주의 일에 힘쓰는 자들이 되어야 합니다.

기도

찬송

고인이 애창하던 찬송

492장(구 544장, 잠시 세상에 내가 살면서)

축도 또는 마침 기도

추모의 시간

고인의 약력과 미담 소개

(고인의 생전 모습, 봉사, 교훈, 유지를 생각한다.)

추모사

친교의 시간

가족대표 감사의 인사

식탁

우리 고유의 제례에는 자신의 근본을 잊지 않고 조상의 은혜에 보답한다는 마음이 들어 있었다.

크리스천의 추모의례는 생명의 근원이신 하나님께 감사의 예배를 드리며 고인을 기억하고 가족의 화목을 도모하는 시간이 되도록 한다.

참고문헌

김세웅·강명옥(2007). 『글로벌 시대의 이해와 국제매너』. 서울: 도서출판 피스북.
김찬종(2008). 『구역장 핸드북』. 서울: 쿰란출판사.
김혜영·최인려(2008). 『비즈니스와 생활예절』. 성신여자대학교출판부.
대한예수교장로회 성도교회(2009). 『구역장·권찰 세미나 자료집』.
대한예수교장로회총회(2007). 『표준예식서』. 서울: 한국장로교출판사.
대한예수교장로회총회(2007). 『헌법』. 서울: 한국장로교출판사.
박명옥·최배영(2004). 『테마가 있는 예절이야기』. 서울: 새로운사람들.
사이토 이사무 저, 손미선 역(2005). 『나를 변화시키는 첫인상』. 서울: 미디어 정민.
삼성에버랜드 서비스아카데미(2003). 『에버랜드 서비스리더십』. 서울: 21세기북스.
오영희·박창옥·강영식(2007). 『가족관계』. 서울: 동문사.
유지철(2007). 『방문심방과 초청심방』. 서울: 그리심.
이숙영(2007). 『맛있는 대화법』. 서울: 스마트비즈니스.
이신구(2006). 『나는 예의 바른 크리스천인가』. 서울: 한국문서선교회.
임택진(2003). 『기독교 가정의례 지침』. 서울: 한국문서선교회.
정장복(2001). 『예배학 개론』. 서울: 예배와 설교 아카데미.
주영애·김선주·박상욱(2010). 『매너와 이미지메이킹 플러스』. 서울: 신정.
총회예식서개정위원회(2008). 『대한예수교장로회 예배·예식서』. 서울: 한국장로교출판사.
최배영(2002). 『생활예절과 자기표현』. 서울: 신광출판사.
최배영·장칠선·박영숙(2010). 『현대인의 茶생활』. 서울: 이담북스.
최배영·한기정·최진영(2011). 『인간관계와 매너의 첫걸음』. 서울: 이담북스.
최유환(1999). 『목회와 가정의례』. 서울: 도서출판 소망사.
한경(2004). 『첫인상 5초의 법칙』. 서울: 위즈덤하우스.
한영자·이일희(2003). 『생활예절』. 서울: 교육아카데미.
Jan G. Linn 저, 이수부 역(2002). 『목사님 우리 마음 좀 알아주세요』. 서울: 한들출판사.

박영숙

대한예수교장로회(통합) 푸른숲교회 담임목사
한국크리스천예절원 원장
서울장신대·성신여자대학교 강사
「신학대학원생의 자아존중감, 예절수행 및 목회자 역할준비도 연구」

장칠선

계명대학교대학원 茶문화전공 문학박사
대구미래대학교 호텔관광 茶문화과 초빙교수
계명대학교·영남신학대학교 강사
「기독교 선교를 위한 茶문화 교육프로그램 개발 연구」

최배영

성신여자대학교 문화산업대학원 겸임교수
문화in 공동대표
사단법인 예종원 부설 한국전통예절문화원 부원장
『생활예절과 자기표현』, 『인간관계와 매너의 첫걸음』 외 다수

향기가 있는
크리스천
에티켓

초 판 인 쇄 | 2013년 6월 14일
초 판 발 행 | 2013년 6월 14일

지 은 이 | 박영숙 · 장칠선 · 최배영
펴 낸 이 | 채종준
펴 낸 곳 | 한국학술정보㈜
주   소 | 경기도 파주시 문발동 파주출판문화정보산업단지 513-5
전   화 | 031) 908-3181(대표)
팩   스 | 031) 908-3189
홈 페 이 지 | http://ebook.kstudy.com
E - m a i l | 출판사업부 publish@kstudy.com
등   록 | 제일산-115호(2000. 6. 19)

ISBN   978-89-268-4356-7 03230 (Paper Book)
        978-89-268-4357-4 05230 (e-Book)

이담
Books 는 한국학술정보(주)의 지식실용서 브랜드입니다.